ele-king 3[illegible]

Cover Photo by Mayumi Hosokura

Screenshot by S

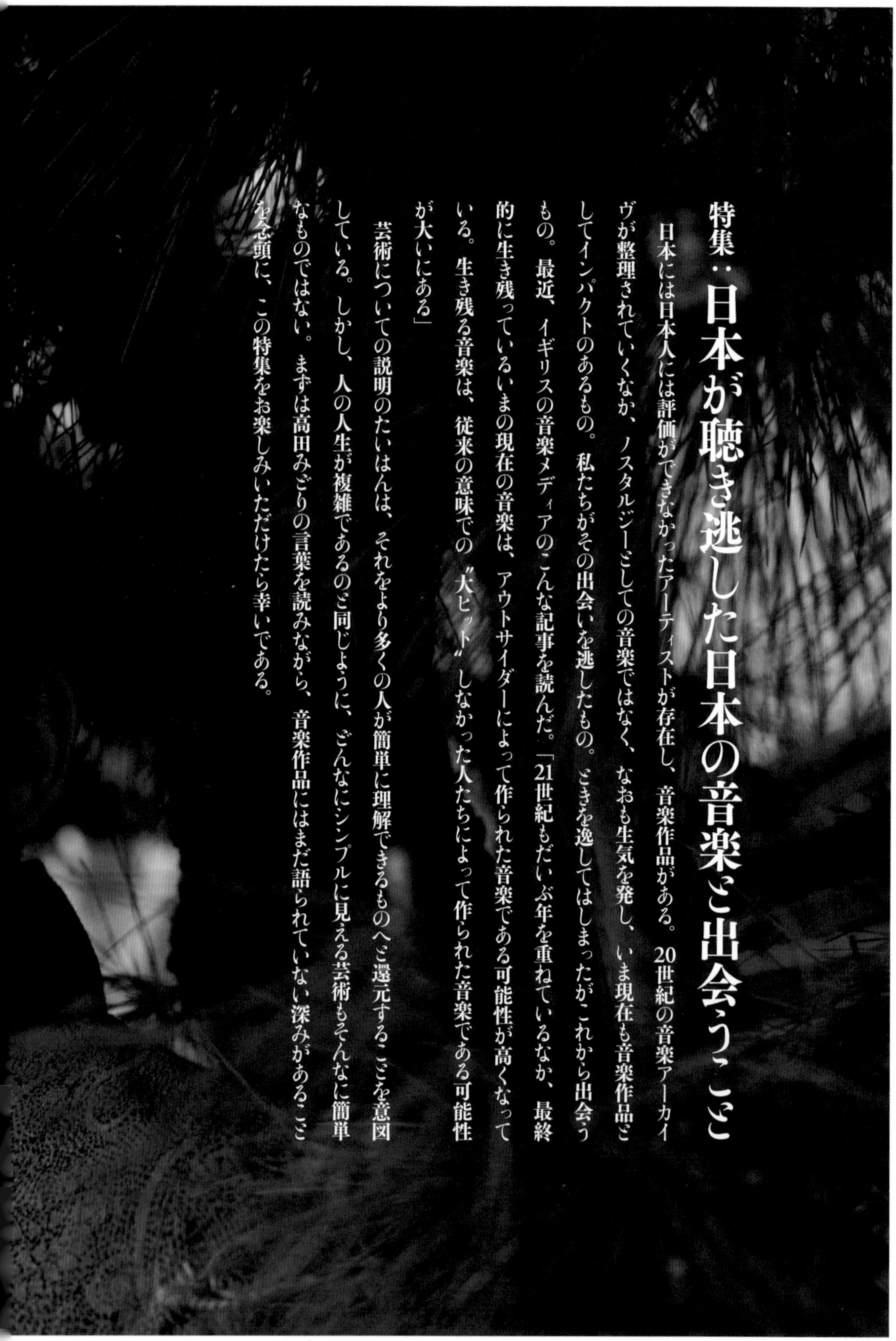

特集：日本が聴き逃した日本の音楽と出会うこと

日本には日本人には評価ができなかったアーティストが存在し、音楽作品がある。20世紀の音楽アーカイヴが整理されていくなか、ノスタルジーとしての音楽ではなく、なおも生気を発し、いま現在も音楽作品としてインパクトのあるもの。私たちがその出会いを逃したもの。ときを逸してはしまったがこれから出会うもの。最近、イギリスの音楽メディアのこんな記事を読んだ。「21世紀もだいぶ年を重ねているなか、最終的に生き残っているいまの現在の音楽は、アウトサイダーによって作られた音楽である可能性が高くなっている。生き残る音楽は、従来の意味での〝大ヒット〟しなかった人たちによって作られた音楽である可能性が大いにある」

芸術についての説明のたいはんは、それをより多くの人が簡単に理解できるものへと還元することを意図している。しかし、人の人生が複雑であるのと同じように、どんなにシンプルに見える芸術もそんなに簡単なものではない。まずは高田みどりの言葉を読みながら、音楽作品にはまだ語られていない深みがあることを念頭に、この特集をお楽しみいただけたら幸いである。

居心地のよい洞窟を求めて

取材・構成：高橋智子
text & interview by Tomoko Takahashi
写真：細倉真弓
photos by Mayumi Hosokura

featuring

Midori Takada

高田みどり、インタヴュー

居心地のよい洞窟を求めて

１９８３年の発売から40年近く経った２０１７年頃、高田みどりのアルバム『鏡の向こう側』が「日本のアンビエント」や「日本のミニマル・ミュージック」として、海外リスナーの注目を集め始めた。長年にわたって世界各地の音楽家たちと共演し、様々な場所で演奏をしてきている高田だが、『鏡の向こう側』の予期せぬブームの影響からなのか、２０１７年頃からソロでの海外ツアーにも出るようになった。今や高田のコンサートを見るには、日本でじっとその機会を待つよりも、ヨーロッパへ彼女を追いかける方が早いのではないかという状況だ。

ここ数年の高田のインタヴューは日本語のものはごくわずか（２０２１年のele-kingによるインタヴューだけだろうか）（＊１）で、そのほとんどが『ワイアー（Wire）』、『ニューヨーク・タイムズ（New York Times）』、『ガーディアン（The Gurdian）』といった英語圏の媒体を占めている。これらの媒体でのやり取りは高田も英語で話したという。このインタヴューはインタヴュアーも高田も日本語で話しており、この記事も日本語で書かれている。そのおかげか、ここでは、高田の音楽の原点、音楽を通した共同体、音楽にまつわる昨今の課題と今後の展望、近年の「再評価」について、時に抽象的な話題や言葉を交えながらじっくりときくことができた。

ただ、初めに申し上げておきたいのは、日本語、英語、どちらのインタヴューであっても、私がミニマリストであるとか、アンビエント・ミュージシャンであるとか、自分でそういうふうに限定したことは一度もないんです。これが不思議なことですね。

西洋からの目、日本からの声

高田みどり　英語でのインタヴューでは、私が話すことと、向こうの受け止め方とが基本的に異なるという前提で話してきました。特にヨーロッパで私の音楽について訊かれる場合、向こうの方はやはり西洋音楽の文脈から私のことを理解しようとしています。それは当然のことかもしれません。彼らが私の音楽に対して知りたがっていることが、一応あるんですね。ですから、あちらが私に対して訊いてくる立ち位置と、私の立ち位置とが当然、前提としてあって、そのうえでのインタヴューになります。そこでは伝えやすいことを話してきたつもりです。ただ、初めに申し上げておきたいのは、日本語、英語、どちらのインタヴューであっても、私がミニマリストであるとか、アンビエント・ミュージシャンであるとか、自分でそういうふうに限定したことは一度もないんです。これが不思議なことですね。

――それにもかかわらず、高田さんはミニマリストやアンビエント・ミュージシャンとして紹介されています。

高田　そのように書かれてしまっていますが、自分がミニマリストであるとは一度も言ったことがありませんし、もしミニマリストであるということを言うならば、ものすごく長い説明が必要です。だから、「ミニマル・ミュージック」という言葉で、まずどこを指すのかが前提として共有できていないと、簡単にはお話しできないと思います。日本でインタヴューを受けるのは2021年のele-kingが初めてだったかもしれません。

――これまでの高田さんのインタヴュー記事の多くは、「ミニマリスト」や「アンビエント・ミュージシャン」など、一目でわかりやすいタイトルが付いていました。

高田　必ず何かのタイトルが付いていますね。キャッチーなフレーズを最初に持ってくるのがメディアの常套手段ですから、それは致し方のないことで、彼らがそう思ってくださるのなら、それはそれで私は敢えて否定する立場ではないとも思っています。ただ、そういったキャッチーなフレーズを私は自分の音

楽の重要なバックボーンとして考えていないものですから、自分からそういうことを言ったことは本当にないですね。

環境とアンビエント、似て非なるもの

高田　環境音楽について語ったことはだいぶ前にあります。環境音楽というものがこの世の中で少し言われ始めた１９８０年代に、それにかかわる音楽をやっていましたので、そこで自分の考えを言ったことはあります。その後の、いわゆる音楽シーンの中でのひとつのジャンルのかたちになってからのアンビエント・ミュージックと、私が環境音楽として意識を持って活動していた時との状況が、今とはちょっと違うと思います。
　環境、つまりエンヴァイロンメント（environment）とアンビエント（ambient）では指すところが違っています。環境とは、人間を取り巻く様々な自然や、経済が引き起こして人間に与える社会的構造も含めたものと考えています。アンビエントというのは、精神的なものを人間に与えていくようなかたちで、ある種の音楽が成り立った時にアンビエント・ミュージックと呼ばれるものだと思っています。環境とアンビエントは違う概念だと思います。

音楽の出発点

――先ほどの「環境」のお話の続きになりますが、高田さんは、音楽・人間・自然の関係をどのように捉えていらっしゃるのでしょうか？

高田　私は人間が自然そのものだと思っています。そこが基本的な私の立ち位置で、出発点でもあります。人間がなぜ音楽を必要としているのか……。私は時間をさかのぼってそのことを考えます。人間は機械をいじる前に道具を持ち、言葉を操るようになりました。それはなぜか？　というところから発想します。すると、「人間」と言っていますが、実は、いわゆるホモサピエンスになる以前からの、生物あるいは猿人の時代から、それから旧人類の時代にさかのぼって、リズムのことも含めて、なぜ人間が音楽を必要としているのかを考えることができます。そこが自分のなかでの出発点であり、帰着点でもあると、いつも思っています。
　例えば、３５０万年くらい前に、アウストラロピテクスという猿人がいて、彼らが楽器を作っていたことが発掘によってわかっています。彼らは鳥の骨に穴をひとつ開けて吹いていたそうです。たしかにそれは音が出るものです。彼らは鳥の骨を吹くだけではなくて穴を開けることによって、二つのピッチ（音の高さ）の違い、音色の違い、音の強さの違いを認識していたわけです。今の音楽学ではもちろんそんなことを言わないでしょうが、それは音階の最初のものかもしれません。私

は感覚的に考えています。

部屋の概念

高田　動物を見ていると、音に対する感覚が非常に鋭いことがわかります。ホモサピエンスになるだいぶ前に、アウストラロピテクスの時代に二つの音を発見したのです。ものすごく長い時間と空間に乗って、その感覚が伝えられてきました。最終的にホモサピエンスになる前に、ラスコーの洞窟の壁画で知られているクロマニョン人が洞窟のなかに線画を描く行為を始めたと言われています。明らかに、その線画のかたちはリズムを構築する空間と時間の認識と共通しています。つまり、リズムとは何か、空間とは何かというところから音楽を考えていくことです。

　動物的な感覚としてリズムと空間は絶対に必要です。それは自分のいるスペースに対してヴァーチャルな発想をすることが可能だったという意味なのです。空間に対してヴァーチャルな発想でリズムや時間を空間のなかに刻んでいく。それが発展していって音楽というかたちになった。なぜ、彼らがそうしたのかというと、自分を絶対的に守ってくれる洞窟というものの存在、つまり部屋の概念ですね。クロマニョン人以前の旧人類の頃から部屋というものを作るようになったと言われています。もちろん、この頃は今のような部屋ではなくて、ほら穴や洞窟だったわけですが、自分を守るなんらかの空間が必要とされていたのです。そういう空間があると、人間は守られて安定します。その安定は精神の安定だったり、実際に動物や外敵から命が守られたかもしれませんね。そういうことが身体や記憶のなかに叩き込まれているのでしょう。

　このような部屋の概念を考えると、今の人たちがなぜ音楽を聴くのかということとの面白い共通項が見つかると思います。ヴァーチャルな空想や空間のなかで、自分の居心地のよい、自分が守られる、あるいは刺激を受ける、自分の洞窟を作ることができる。それを失わない限り、音楽と人間とは密接に関わりを持ち続けるのだろうと思います。それが今はコンピュータであったりするわけですが、音源は変わっても人間と音との大きなパイプはそれだけ太古からつながっていると思っています。

16

私は人間が自然そのものだと思っています。そこが基本的な私の立ち位置で、出発点でもあります。人間がなぜ音楽を必要としているのか……。私は時間をさかのぼってそのことを考えます。

私は音楽を考える時に、先ほどお話ししたアウストラロピテクスの鳥の骨の笛の音をイメージします。アウストラロピテクスはそれを吹いてどういう感覚を持ったのだろう。骨に穴を開けたことで二つの音を得た時に、彼らはどれほど感動しただろう。どれほど違う世界を見つけたのだろう。そこに、いつも私は自分を置くのです。音楽を作る時も、演奏する時も、そんなに難しいことを提供するわけではありません。音がひとつから二つに増えたことの感動、大事さ、衝撃、空間の広がりといったものに時間の要素が加わると、どういうリズムで周期が起きるのか。そういったことを提供したいと思っているのです。ですから、技術と人間は別のものだとは思っていません。むしろ同じなんです。

居心地のよい洞窟

——高田さんにとっての居心地のよい洞窟や部屋とは、どのような空間なのでしょうか。

高田　私はそれを求めて作り続けています。今は人に聴かせる場もいただくので、そこにお迎えしたお客さまが洞窟を共有して一緒にいてくれて、その場にいるみんなの居心地がよい空間を会場ごとに考えます。一回一回、自分が作った音楽をその場にいる人たちと共有して、いい洞窟を作って、一緒に過ごしたい。そういう感覚かもしれませんね。

意識の共同体

——いにしえから、人類は音楽の場を共有していたわけですね。今はインターネットで世界中と瞬時に繋がることができるので、無数の共同体がヴァーチャルな空間に点在していると言えます。もちろん、現実世界の共同体がなくなることはありませんが。

高田　私の知る限り、音楽を持たない民族はないんですね。楽器を持たず声だけの民族はいますが、その場合は身体が楽器なので、いわゆる楽器を必要としないわけです。そうやって色々な音楽を見ていくと、歴史的な奥行きだけではなくて、今度は横への広がりが見えてきます。音楽、音、楽器のかたちや意味といったものが地球上の様々な場所に伝わって、ひとつの民族のアイデンティティや伝統になります。だけど、伝統もそのままではなくて、様々な異なる民族の要素が入って変化していきます。そういうことも非常に興味深いです。このような視点で考えると、「ミニマル・ミュージック」や「アンビエント・ミュージック」と言われているものについては、マーチャンダイジングや商業化とでも言うのでしょうか……。

——アンビエントに関して言うと、現在では、1980年代のブライアン・イーノによるアンビエントの定義から切り離されて、拡大解釈されています。たとえば、ハイブロウな音楽と大衆音楽とのあいだのグラデーション

ヴァーチャルな空想や空間のなかで、自分の居心地のよい、自分が守られる、あるいは刺激を受ける、自分の洞窟を作ることができる。それを失わない限り、音楽と人間とは密接に関わりを持ち続けるのだろうと思います。それが今はコンピュータであったりするわけですが、音源は変わっても人間と音との大きなパイプはそれだけ太古からつながっていると思っています。

にあるものをアンビエントと括る人も多いですし、単純に、静かな音楽をそう呼ぶ人も多く、そのリスナーや作り手にとってそれが「アンビエント」であれば「アンビエント」みたいな、主観的な使われ方をしています。いろんな文脈があってそのなかでの「アンビエント」解釈があって、そういう意味では曖昧なのですが、昔にくらべると身近な用語になりました。

高田　作り手側が何を「アンビエント」と言っているのか、私は詳しく知らないのですが、海外で聴くものの多くが生楽器とコンピュータを組み合わせたものですね。それが作りやすいかたちであることも私はとてもよくわかります。例えば、自分の経済力や、それこそ自分のスペース、洞窟ですね、そういったものに合ったかたちでやることができます。スティーヴ・ライヒのように、たくさんのミュージシャンをトレーニングしてアンサンブル形態を維持するのも重要な意味があったと私は思います。でも、一般の人にそういうことはなかなかできません。それでも音楽をやりたい場合、自分にとって可能な素材や方法で自分の洞窟を作ることができます。先ほどお話ししたアウストラロピテクスの鳥の骨もそうですし、アフリカには石だけでやる音楽があります。地面に穴を掘って、その上に脚を広げて、その穴を地面の共鳴体とする音楽もあります。自分がいる場所のマテリアルを駆使して作った自分の居心地のよい空間を自分以外の誰かに伝えるのも、音楽の大事な役割です。それを伝えることで共同体が出来上がります。共同体という言葉を、今なら意識の共同体と言い換えることもできるでしょう。かつては教育を通して音楽の価値観が伝えられてきましたが、今はインターネットなどを通して、意識の共同体を作るようになってきています。そういう共同体は学校で学ぶものとは違うかたちで成立しています。

19

20

ストリートの音楽

――インターネットやその他媒体の中で、高田さんの経歴について「オーケストラの打楽器奏者としてベルリンでデビュー」と書かれているのをしばしば見かけます。2018年のあるインタヴューでは、「自分の居場所はコンサートホールではなくて、ストリートで演奏されている音楽だ」（＊2）というようなご発言が載っています。この時の「ストリートで演奏されている音楽」とはどんな音楽だったのでしょうか。

高田　ウィキペディアなどインターネット上の情報は間違ったものが混ざっています。私は、ベルリンのオーケストラの団員だったわけではなくて、ベルリン放送交響楽団(Rundfunk-Sinfonieorchester Berlin)にソリストとして呼ばれて、協奏曲をベルリンのフィルハーモニー・ホールで演奏したのです。段々と言葉が切り取られて、いつのまにかベルリンのオーケストラの一員だったと書かれていますが、正しくは、協奏曲のソリストとしてデビュー・コンサートをしたということです。

質問の内容に戻りますと、私は子供の頃からクラシック奏者になるべく教育を受けてきて、デビューまで漕ぎ着けました。一般的にいえば、その道をずっと行くものと思われていました。例えば、西洋音楽の歴史では、16世紀くらいまでは外、いわゆるストリートの音楽がたくさんあって、とても賑やかな環境だったと言われています。ある時からヨーロッパの政治的、社会的な事情によって、室内での音楽しか許されなくなりました。室内楽や宮廷音楽の時代ですね。そこで初めて、音楽は大衆的な俗楽と芸術音楽というような社会的なヒエラルキーに取り込まれるわけです。そこから何世紀かを経て今に至っています。日本では明治期に、邦楽といわれる日本の伝統音楽ではなくて、西洋のクラシック芸術音楽を教育における第一芸術として取り入れました。今でもそのヒエラルキーは、音楽界のなかにも、そして音楽家のなかにも残っていて、とてもデリケートな問題でもありま

私の知る限り、音楽を持たない民族はないんですね。楽器を持たず声だけの民族はいますが、その場合は身体が楽器なので、いわゆる楽器を必要としないわけです。そうやって色々な音楽を見ていくと、歴史的な奥行きだけではなくて、今度は横への広がりが見えてきます

す。

私はデビューした頃と同時期にアフリカの音楽家たちの音楽にとても魅了されていました。例えば、ミニマル・ミュージックでライヒがアフリカの音楽をベースにして「クラッピング・ミュージック（Clapping Music）」（1972）などを作りました。ガーナや、その北に位置するオートボルタというところに点在して住んでいるエヴェ族という人たちがいます。エヴェ族の音楽は高度なリズム構造を持つが、素材はシンプル。そういう音楽から作られる音は、当然、身体をものすごく使わないといけない。そして、頭でものすごく複雑な構造を構成しなければならない。ライヒの「クラッピング・ミュージック」は二つのパートからできていて、もう一方をずらすという方法をとります。とてもシンプルなかたちで本質をよくついた作品だと思います。

先ほどお話ししたアフリカの音楽は、とても複雑な構造を身体のなかに入れて、それを譜面として残さずに、口伝であったり、耳であったり、身体を総動員して伝えます。当然、地面の上で演奏されるわけです。畑仕事の行き帰り、お祈り、ダンス、様々な宗教儀式などで音楽が演奏されます。ガーナやコートジボワールで演奏した時にエヴェの村にも行くことができました。

アフリカの音楽

――クラシック音楽とは違う音楽の場を求めて、その後、高田さんは具体的にどのような行動や活動をなさったのでしょうか。

高田　幸い、アフリカの人たちと演奏する機会がありました。もちろん、それだけではありません。当時、アフリカの音楽を聴ける場所は日本にそんなになかったので、オコラ（Ocora）やノンサッチ（Nonsuch）など、ヨーロッパのレコード会社から出ていたフィールド・ワークの録音による民族音楽のレコードを聴いていました。それを耳で聴いて採譜するという地味な作業をしていました。その音楽の全貌や、その音楽がどのように演奏されるのかはなかなかわかりませんでした。王族の歴史などを主にコラという弦楽器で即興的に言葉を乗せて演奏する、王様の知恵袋としての役割も持っていた、アフリカのグリオという職業の人たちがいるのですが、後に彼らとも一緒に演奏しました。そうしているうちに、アフリカの文学や哲学といったものを知ることができました。そこに行き着くまで相当な時間がかかりましたが、日本にいながらもできる限りの知識を得ようとしました。

――当時、高田さんは完全におひとりでアフリカの音楽を勉強していらしたのでしょうか？

高田　他に誰がいたのでしょう（笑）。「せっかくヨーロッパでデビューしたのに、何やってるの？」という反応も当時はありました。クラシックの演奏家として期待してくださっ

ているのはとてもありがたかったのですが、それを意味あるものにするためにも、私はもう一方の世界を知らないといけなかったと思います。どちらのチャンスもいただけて、本当にありがたいことでした。

個人でできる範囲をどうしても超えてしまうものについては、例えば、国際交流基金の派遣としてアフリカ・ツアーをやらせていただいたり、声明をされるお坊さんたちとインドで公演したりといったチャンスもいただけました。現地の様子や、実際のミュージシャンのエネルギーや、自分たちの共同体の中で音楽をやる真の強さだとかを目にすることができました。その中にいられたことはありがたかったですね。

先ほどから「共同体」という言葉を何回か使いましたが、それは音楽に内在していて、人々がそれを共有したいと願っています。今はネット上で、遠く離れている年代も文化も違う人々と、ひとつの文化を通じて精神的な共同体を作っている感じがします。これは今の時代ならではの音楽の広げ方でしょう。

変容する音楽の場

高田　もともとは地面で演奏していた音楽が、今はアフリカでもホールの中で演奏されています。ガーナで、バラフォン奏者のカクラバ・ロビ（＊3）とも一緒に演奏しました。アフリカでも、音楽が供給される場所が西洋的になっています。その地域の音楽を西洋的な劇場構造の中に持ってくることは、アフリカだけでなくて様々な民族のなかでも当たり前になっています。これはひとつの伝播力というか、ある音楽を違う文化の人に手渡す時に非常にやりやすい方法ではあります。アフリカの国々を植民地にしていたヨーロッパでは、ヨーロッパの言葉ができるアフリカの若い人たちをヨーロッパに呼んで演奏してもらったりしています。そのような背景の中で民族音楽学が発達していきました。アフリカだけでなくアジアも含めて、そういう歴史を見ていくと、ストリートで音楽をやることが原点であると。アフリカはストリートではなくて畑だったりしますが、そういう音楽をまず知りたいと思いました。

私は韓国の音楽もずいぶん長くやっています。ムソク・チャンダン（巫俗長短）という韓国のシャーマンのリズムが基盤になって今の様々な韓国の音楽ができています。その原点は農村での大道芸のような音楽、お座敷や街の広場のような場所での音楽にあります。彼らの日常生活はとても辛いものですが、そこから生まれたものは身体の中に深く染み込んでいて、それによってリズム、空間、時間が共有できているのです。そういうものが音楽の根幹なのだと思ったのです。立派なコンサートホールの機能は西洋音楽の発達にとってたしかに欠かせないものでしたが、一方で、ストリートで生まれているものを同等に見たいと思ったのです。

「フリーランス」として

——デンマークで制作されたドキュメンタリー映画『ミュージック・フォー・ブラック・ピジョンズ（Music for Black Pigeons）』（＊4）のなかで、高田さんは「フリーランサー」と自己紹介してらっしゃいます。これはちょっとした冗談の意味もあると思いますが、この時、なぜ高田さんは「フリーランサー」とおっしゃったのでしょうか。

高田　私は自分の活動について職業的にやっているのか、やっていないのか、ちょっと疑問に思っていて、ミッションとしてやっている気もします。「パーカッショニスト」や「作曲家」みたいな言葉で自分の活動を限定したくなかったんです。私は演劇もやっているものですから、色々考えると、フリーランスだなと。いただいた仕事を一生懸命やっていますという意味ですね。決まったお給料もないですし、長年ずっとフリーランスです。きた仕事を一生懸命やるというスタンスで、ただただやってきたので、何か保証された職業という意味での職業名を言いたくなかったんですね。「フリーランス」としておけば、心が本当に自由です。

私は舞台作品もやっています。ひとつの舞台には色々な要素が入っています。打楽器をやる以上、打楽器でできる限りのことを提供したいと思いますし、舞台でピアノをやることもあります。演劇的なこともやるし、ダンスのようなことも入れたりします。もちろん、それなりに磨いていかないといけませんが、やりたいことを総動員して、自分の身体ひとつでできること、伝えられることをやってい

私は自分の活動について職業的にやっているのか、やっていないのか、ちょっと疑問に思っていて、ミッションとしてやっている気もします。「パーカッショニスト」や「作曲家」みたいな言葉で自分の活動を限定したくなかったんです。私は演劇もやっているものですから、色々考えると、フリーランスだなと。いただいた仕事を一生懸命やっていますという意味ですね。決まったお給料もないですし、長年ずっとフリーランスです。

ます。それこそ私はアウストラロピテクスです（笑）。

身体の中心を意識する

——コンサートも舞台もとてもエネルギーを使うと思いますが、身体のために普段から心がけていることや、実際に行っていることはありますか？

高田　とてもエネルギーを使うので身体が資本です。演出家の鈴木忠志さん（＊5）が、富山県の利賀村にある劇団SCOTで何十年も演劇のトレーニングをやっています。毎年、世界中から俳優たちが彼のもとに学びに来ます。私はそこに30年近く行っていて、音楽もやらせていただいています。40代の頃から、若い俳優たちに混ざって訓練をしています。それを通して、身体の中心をキープする方法や、重心をコントロールすることなど、舞台に立つことの基本を勉強しました。

声を出すこともですね。打楽器は発声と同じですから、どんな楽器であっても身体の中心が決まっていないと音が出ません。こういう訓練によって、今まで舞台に立てているのだと思います。これをやっていなかったら、もっと早くに身体がだめになっていたかもしれませんね。重心を下に持ってきて、とにかく舞台で動かずにしっかりと立つことが基本です。片足で立っていても重心が崩れないことも大事です。それでいて、確実に打つべきところに撥がすとんと入る。そういう演劇の訓練を受けてきましたが、音楽の演奏に共通するものがあります。

ゴングの一音

——高田さんはヨーロッパで多くの公演をなさっています。その際、日本からどのような楽器を持って行くのでしょうか？

高田　どうしてもヨーロッパにないものは自分で持っていきます。それはゴング（銅鑼）です。ものすごく基本的な話ですが、ヨーロッパの音楽のなかではゴングは音量的な役割をするわけです。あるいは、ちょっと特別な、エキゾティックな東洋を表す時の感じなんですよ。

日本では梵鐘の音ひとつで、一回鳴らせば、他の音がなくても、ある状況や精神性や空間を表現できます。音をガンガン鳴らす必要はなくて、音ひとつなんですよ。

どです。多くの場合、クラシック音楽における近代、例えばラヴェルやドビュッシーでもゴングは一番のクライマックスに持ってくるんですね。つまり音量とその効果です。オーケストレーションのなかでもそのようなかたちで使われることが多いです。

日本では梵鐘の音ひとつで、一回鳴らせば、他の音がなくても、ある状況や精神性や空間を表現できます。音をガンガン鳴らす必要はなくて、音ひとつなんですよ。ゴングはそういう違いがとてもはっきりしている楽器です。日本で伝統的に培われてきた感性が、ひとつの楽器のあり方として現代まで続いています。西洋の文化圏では一発だけ楽器を叩いても音楽は成立しません。でも、日本で静かにひとつの音を鳴らしたら、その音が消え入るまで過ごせるし、それを聴く精神性も共有しています。平安京の時代から、鐘というものが、様々な色彩、精神性、社会構造と結びついているということですね。

音楽は社会構造です。オーケストラがなぜあれだけの組織を持つのか、なぜ真ん中に指揮者がいるのかを問うと、音楽が社会の構造を映しているからなんです。打楽器の歴史でいうと、ある時代には軍楽がありました。打楽器は軍の一番前に行く人たちなんです。当然、鉄砲や槍を受けて最初にやられる立場です。社会の構造と、音楽が演奏される場の構造、あるいは組織の構造とが一致しているのだと私は思っています。例えば、バリ島のガムランの構造は、それぞれの村が持つバンジャールという共同体と関係しています。全員が各自の分担と役割を持っていて、子供の時から大人になってもひとつのリズムを担当します。途中で別のリズムをやってみたいと思っても変えません。確固たる共同体組織が音楽の形態に反映されています。こういう視点で音楽の成り立ちを見て行くと、どんなジャンルであっても、音楽の形態がとてもよく見えてきます。ギター、ベース、ドラム、ヴォーカルといったシンプルな編成であっても、それはいきなり出てきたものではありません。

ヨーロッパのオーケストラもゴングを使いますし、現地で借りることもできますが、やはり違うんですね。ヨーロッパのゴングと日本のそれとでは使い方も音色も違います。だから、私はゴングを持っていかなくてはなりません。とても骨が折れます。アフリカの楽器にも言えますが、アフリカの楽器はひとつの鼓面からたくさんの音色を紡ぎ出すのが主眼です。ひとつの面の中に様々な世界を見ているからなんです。

例えば、北アフリカのイスラム文化圏では、ひとつの手で打つタールなどの一面太鼓があります。火、風、水といった、世界を構成する様々な要素がその一面の中に置かれていると見ています。世界を構成する様々な要素をどうミックスするか。そこからリズムができてきて、音色を選んでいきます。だから、ひとつの楽器のなかに含まれている意味はたくさんあるわけです。だけど、ヨーロッパのクラシック音楽ではものすごい数の太鼓が必要になってきますよね。二つの音が必要になるということは、二つの楽器が必要なのです。三つの音を出したければ三つ並べないといけない。そうやってどんどん増えていくわけです。たくさんの数の楽器を持てない経済力の人にはできない音楽になってしまいます。しかし、貧しい方がいいと言っているわけではありません。太鼓の音の本質を見ると、西洋音楽であっても、ひとつの中からどれだけの豊さを引き出すことができるかが、音楽の本質と触れ合うことだと思います。物量ではないのです。

70年代、80年代は物量の多い音楽がとても多かったのですが、今はむしろそういうものは全部コンピュータで代用するようになりました。ある意味、文明の利器を音楽のために良いかたちで利用することかもしれませんね。けれども、基本的に、音とは振動です。その振動を失っているコンピュータなどの音と、実際に身体に皮膚振動を与える重要な役割を持っている生《なま》の楽器を結びつけること。その意識があったら、現代の豊かな音楽ができるかもしれないと思っています。テクノロジーを身体の代用として使っている限り、振動、つまりヴァイブレーションというものを置き去りにしてしまうので、それは残念なことになると思います。振動や周波数を受けるのは身体ですから、身体とテクノロジーは同一です。

若い人たちとのかかわり

——高田さんは教育などを通して若い世代の音楽家ともかかわってらっしゃいます。

高田　みんな一生懸命に自分の道を見つけたり、見つけようとしたり、頑張っています。とても嬉しいし、応援したいと思っています。

若い人とのかかわりは日本だけではありません。昨年もデンマークで、世界中で集まったジャズのミュージシャンと1週間、同じ所に泊まって授業のようなことをしました。音楽を目指すといっても、百人いれば百様の意識と目的があります。私がお話しすることが何かひとつのきっかけになってくれるなら、それは面白いことです。そこでは若い演奏家たちにレッスンをして、最後にグループごとにコンサートが開かれました。私の担当したグループは部屋を真っ暗にして蝋燭をたくさん立てました。他の講師や生徒が観客として静かに会場に入ってきて座っていると、みんなが10分くらいの瞑想状態になりました。それから音楽がふわっと始まりました。私は授業のなかで「瞑想しろ」なんて言った覚えはないですが（笑）。だけど、私が色々な話をしたなかで、そこに行き着いたということなんだなと思いました。普段は非常に激しいジャズをやっている人たちが、音を出さない

ということを数分間やったわけです。後でポーランドのピアニストから、「暗がりのなかで演奏が始まるのを待っている間、なぜかわからないけれど涙が出てきて、どういう涙なのかわからないけれど、それが自分でも衝撃だった」と言われました。

音のない時間を想像する

――今はどこにいても私たちは何かしらの音に囲まれています。

高田　音楽家が音を出すと同時に、音のない時間を同等に持つということ。これが今、なかなか難しいのだろうなと思いました。意識のなかで、音楽家やミュージシャンというと、音を出さないといけない。どういう音を出そうか、どういうことをやろうかと、みんな邁進するけれど、音がないことと同じ比重で、音のない時間も精神の中に持ってみる。

日本の仏教の伝統的な考え方に「虚諧《こかい》」というものがあります。ひとつの音が鳴らされる場所にいたら、もう一方で、音が鳴っていない場所を想念の中に持つという考え方です。ひとつの音の中にいたら、もうひとつの場所には音がない。私はこの考え方をとても大事にしています。アンビエントのようなものを考えてみるならば、これは非常に重要なセオリーかもしれません。

主体であること

――今まで何度もこの質問が高田さんに向けられてきたのは私たちも承知しておりますが、『鏡の向こう側』による「再発見」について、高田さん自身はどのようにお思いでしょうか？

高田　1980年代の話ですね。私はその間もずっと生きていたし、仕事もしていたし、音も作っていたんです。霞を食べて生きていたわけではありません。でも、ヨーロッパの人たちから見たら「発見」なんですね。ジパングじゃないんだから（笑）という話です。

ネット上で誰かが「日本の80年代の音楽を再発見」と書いたのかもしれませんが、「再発見」と言われても一回も発見されていません（笑）。発見した主体はどこよ？　という話です。

「発見」という言い方はおかしな言い方で、海外を主体として音楽を考えるからそういう言葉になったのでしょう。

彼らの意識は変わっていないなと思いました。私は彼らに発見されちゃったんだなと。ヨーロッパ中心の世界観のなかで、東洋のはじっこで、男か女かわからないミュージシャンが作ったらしい。しかもそれは40年近くも前だということで話題になりました。最初は名前だけでは私が女性だということも誰もわからなかったので、「he」と書かれていましたね。世界はどこを中心に回っているかという、人それぞれの感覚ですね。

　どうしてこんなことになったかというと、私のような音楽的場所にいる人間が、日本のレコード業界の中で場所がないということなんです。ポップスとして会社が売り出すわけでもないし、クラシックとも言えないし。クラシックでデビューしましたが、その後の個人的な活動については、私はジャンルがないということを申し添えておきます。だから、それもあって「フリーランス」に至るのですが。自分というジャンルしかなくて、どこかの中に入っていないんですね。それが何十年も続いているので、レコードを作ってもどこに入れてよいのかわからない。『鏡の向こう側』もそうでした。当時、アンビエントやミニマル・ミュージックなんて言葉も知る人ぞ知る専門家だけの言葉であって、一般的ではありませんでした。この人は誰ですか？となった場合、クラシックをやっていたけれど、今もクラシックなのだろうか、でも作ったものは違うよねと言われてきました。私は、題材として語られるものではないものを作りました。その結果、40年後に発見されたのです。

　『鏡の向こう側』が話題になっていると知ったのは、本当に後になってからでした。２０１７年に突然、海外から声がかかりました。それまでもアンサンブルや声明との演奏を大事なライフワークとして長くやっていたので、その関係で海外に行っていました。本当にソロとして呼ばれ始めたのは２０１７年ですね。『鏡の向こう側』をぜひプログラムに入れてくださいと言われましたが、あれはとても多層的にできているのでソロでの生演奏では無理ですと答えました。そういうわけで、自分の他の曲で構成して演奏しました。２０１７年のロンドン公演、アメリカでも何箇所かやって、それから何度も海外に行くようなことになって、今に至っています。

　ネット上で誰かが「日本の80年代の音楽を再発見」と書いたのかもしれませんが、「再発見」と言われても一回も発見されていません（笑）。発見した主体はどこよ？　という話です。「発見」という言い方はおかしな言い方で、海外を主体として音楽を考えるからそういう言葉になったのでしょう。たとえ発見されなくても、洞窟に篭った主体であればいいのではないかと思います。主体を持つことは自分を深く掘り下げることです。音をやっている人なら、自分の音と向かい合う、流されないということですね。

高田は『鏡の向こう側』以前も以降も音楽を作り続けている。彼女が参加したムクワジュ・アンサンブルは2枚のアルバム『Mkwaju』（1981）と『樹・モーション（Ki-Motion）』（1981）を発表しており、この2枚もやはり近年の日本の80年代音楽再発見の文脈で受容されている。ソロ・アルバムでは『Tree Of Life』（1999）以来、23年ぶりとなる2022年に、アフリカのショナ族の音楽をテーマとした『Cutting Branches For A Temporary Shelter』（売上の一部はジンバブエの子供たちの音楽教育のために供与）がリリースされているが、この間、決して彼女が歩みを止めていたわけではない。昨年は、同時に高野山聲明との共作『You Who Are Leaving To Nirvana』も発表され、2枚ともジュネーブ民族学博物館にアーカイヴされた。さらに英国のヴィクトリア&アルバート美術館より建築と音楽をテーマにした作品、『MIDORI TAKADA / SHHE』もCDとして発売された。

当事者の知らぬところで勝手に起きている感が否めない再評価や再発見だが、高田のディスコグラフィーを見渡すと、佐藤允彦と姜泰煥とのトン・クラミとしての活動、カクラバ・ロビやラファウンダら多くのコラボレーターたちとのプロジェクトなど、その内容も顔ぶれも多岐にわたる。たとえ、そこから生まれる響きのあり方は違っていても、高田が述べたように、居心地のよい空間を共有という点で、人間が音や音楽を探求する動機は太古から現在に至るまでそれほど変わっていないのかもしれない。

（2024年4月26日　東京、渋谷）

（＊1）「響きのこちら側——高田みどり　インタヴュー」、ele-king、２０２１年6月。https://www.ele-king.net/interviews/008221/

（＊2）Paul Bolwer, "Through the looking glass with ambient pioneer Midori Takada," The Vinyl Factory, August 30, 2018, Accessed February, 2024. https://thevinylfactory.com/features/through-the-looking-glass-midori-takada-interview/

（＊3）カクラバ・ロビ（Kakraba Lobi）１９３９年、ガーナ生まれ。バラフォンと呼ばれる鍵盤打楽器の名手。高田みどりとは１９９０年に『アフリカン・パーカッション・ミーティング（African Percussion Meeting）』をリリースしている。

（＊4）『ミュージック・フォー・ブラック・ピジョンズ（Music for Black Pigeons）』（２０２２）はビル・フリゼール、リー・コニッツといった、ジャズでありながらも既存の枠組みにとらわれないミュージシャンたちを14年に渡って追い続けたドキュメンタリー映画。監督はデンマークのアンドレアス・クーフートとヨルゲン・レス。高田みどりのパートは東京、ベルリン、コペンハーゲンで撮影された。

（＊5）鈴木忠志　１９３９年生まれの世界的演出家。劇団ＳＣＯＴを主宰し、現在は富山県利賀村を本拠地として演劇祭やワークショップを開催している。

この世のクズ（Scum of the Earth）

column 01

文：ジェームズ・ハッドフィールド
by James Hadfield
訳：江口理恵
translated by Rie Eguchi

ＢＢＢＢＢＢＢは愛知を拠点として活動する変人たちの集まりで、その音楽は初期のボアダムス、サイケアウツＧとGabber Modus Operandiを掛け合わせたような、ズタズタにされたサンプル、行き過ぎたビート感、絶叫とおバカな（時にはスカトロ的な）ユーモアが混ぜこぜになった痛快な混沌だ。２０２３年に彼らのアルバム『Positive Violence』をリリースしたアメリカのレーベル〈Deathbomb Arc〉によると、それは「感電死する時の音に限りなく近い」のだそうだ。彼らは〝パワー・ノイズ〟や〝デジタル・ハードコア〟などと説明されることもあるが、〝スカム（Scum）〟というタグはＢＢＢＢＢＢＢのお気に入りのひとつである。最新のＥＰ「ＳＨＩＮＰ」はBandcamp上では〝Japanese Progressive Deconstructed Scum New Age〟（日本のプログレッシヴ・デコンストラクテッド＝脱構築・スカム・ニューエイジ）としてリストアップされており、昨年の「ＳＨＩＮ ＧＯＤ」は〝Japanese Victory Experimental Deconstructed Scum Drill Beat〟（日本のヴィクトリー・エクスペリメンタル・デコンストラクテッド・スカム・ドリル ビート）となっていた。

このような、てんこ盛りの大袈裟な言葉を真面目に捉え過ぎる必要がないのはたしかだが、「ＳＨＩＮＰＩ」発売直前に西園寺流星群にインタヴューした際、私はどうしてもスカムのことをぶつけずにはいられなかった。それは長い間、私を戸惑わせた用語だったのだ。多くのカタカナの外来語が本来の意味とはかけ離れたものになってしまうように、スカムも日本の音楽シーンで何か違うものを意味するようになった——具体的に何をと特定するのは難しいのだが。

日本人以外のリスナーは、それをパンクの反逆児の伝統をもっとも極端に体現した、自称〝スカムファック・アウトロー〟のG・G・アリンと結びつけるかもしれない。もうひとつの明らかな関連性は、80年代後半のニューヨーク・シーンが生んだアンセインとプッシー・ガロアなどで知られるスカム・ロックだ（ちなみに同シーンは、リーズで素晴らしい活動をするイギリスのバンド、サ・シフトが現代の支持者を獲得している）。後者の言葉が流行したのは、〈サブ・ポップ〉が〝グランジ〟という造語を生んだのと同じ時期で偶然などではなく、80年代ポップの窒息しそうなほどの輝きが、クリーンカット（こざっぱりとしてカッコいい）とは正反対の音楽への欲求を生み出し、それにふさわしい非衛生的な（それでもマーケティング的にはOKな範囲の）呼称が必要だったということだ。

当時、〝グランジ〟はその歴史を1960年代頃に遡る比較的新しい言葉だったが、〝スカム〟はより濃い血統からきている。ゲルマン語を起源とし、14世紀から使われている言葉で、文字通りの意味としては液体の表面に浮かぶ泡やカスの層を表す。それが時代を経て拡大され、汚れ全般を含むようになり、人類のもっとも哀れな者を指す言葉になった。

〝Scum of the Earth（人間のクズ、卑劣な者）〟というフレーズは、聖書のいくつかの英訳版のなかに登場する（私たちは人間のクズ、この世のチリになった）。さらにこの言葉は1963年のルイス・H・ゴードン監督による、写真家が若い女性をポルノのモデルになるよう強迫する映画のタイトルや、ラディカル・フェミニスト（いずれはアンディ・ウォーホルを暗殺未遂にする）のヴァレリー・ソラナスが書いた1967年の「S.C.U.M.マニフェスト（男性根絶協会宣言）」、青少年収容所を描いたアラン・クラーク監督の残忍な1979年のドラマ『スカム』、そしてナパーム・デスの1987年の同名のデビュー・アルバムなどでも使われている。

その言葉がもたらす観念は、1994年の秋田昌美の書籍『スカム・カルチャー』にも記録されている。これはポピュラー・カルチャーのもっとも陰湿で不愉快な一角を調査したもので、連続殺人犯から〝サタニック・パニック〟セラピーの陰謀論、アール・ブリュット（アウトサイダー・アート）からウィーン・アクショニズムにまで及ぶ。秋田の記述では音楽は比較的小さな扱いとなっているが、スロッビング・グリッスル、COUMトランスミッションズとSPKに焦点を当てた章がある。「……斬新というより、どちらかといえば陳腐な表現に関してである。だが、こうしたものが何故かいまの時代

column 01

ele-king 33

のテイストにしっくりくる」とスカムについて書いている。

２０００年代初期に私が日本に移り住んだとき、ある優れた見識を持つレコード店で「スカム・ロック」と題されたコーナーに出くわし、予想した（プッシー・ガロア他の）アーティストが並んでいるのを見て、その後何年かは「スカム」という言葉がそのように理解されていると思い込んでいた。「スカム」がまったく異なる文脈で使われているのを知ったのはだいぶ後になってからで、〝ジャンク〟や〝ローファイ〟として括られることが多く、それが意味していたのははっきりしない、恐ろしく不完全な音楽で、まるで不器用な幼稚園児が作った張り子の音響彫刻のようなものだった。より狭い定義では、90年代半ばに大阪のライヴハウス〈難波ベアーズ〉を中心に一時期関西で盛況だったシーンの呼び名でもあった。

その一方で、スカム・ロックの節くれだったサウンドは、ザ・ストゥージズまで遡ることができ、このオルタナティヴなスカムは、少なくとも一部の人の説明では60年代に下手くそで有名だった姉妹バンドのシャッグスの流れをくんでいるという。私が西園寺にスカムについて質問した時の彼の回答にはこのバンド名が含まれていた。――「すごいグッドなミュージックがあるんじゃないですか、良い音楽。なんか、全然グッドじゃなくてもいいから、面白いことしているとか。あと、本人が多分一生懸命作ってるんですけど、ちょっと面白いみたいなものが好きですね。例えば、シャッグスとか。あと、皆がいい曲と思ってる曲でも、聴き方を変えると面白く聴こえるとか。そういう聴き方をしてます、いつも」

これは、ベアーズのオーナーの山本精一が１９９５年に『スタジオ・ヴォイス』誌の記事で述べた定義と一致している。山本は、高校生のバンドが出演する昼のショウについて説明するのだが、そのうちのひとつはあまりに下手でむしろ崇高な域に近かったという。彼らの調子外れの騒音を聴いているうちに山本の気分は不快感からエクスタシーへと変わっていったが、グループが演奏していた曲がセックス・ピストルズの〝アナーキー・イン・ザ・ＵＫ〟のカヴァーだとわかったのは最後になってからだという。「私はこういうものが、ホンマモンのスカム・ロックだと思っています」と彼は書いている。バンドはちゃんとしたパンクをやりたかったのに、彼らの野心と（存在しない）実力のギャップの中で、さらに優れたものが生まれたのだ。「彼ら自身の意志とはまったく無関係に。スカムっていうのは、そういうものなのです」

１９９３年の夏、ベアーズで始まったウルトラファッカーズのＫＫラングリー（河合カズキとしても

BBBBBBBの3人

column 01

知られる）が企画したイベント・シリーズ「スカムナイト」は、出演したアーティストにとっては、プラトン主義的な理想の場だった。だが山本は自分自身を含め、参加者の多くがデタラメだったことを認めた最初の人間だ。「スカムナイト2」では、彼はボアダムスのバンド・メイトのYoshimi、EYヨに吉川豊人と一緒に短命のグループ、電動歯として調律されていないパンク・ロックを演奏したが、そのあまりのずさんさは、まるでハーフ・ジャパニーズがスティーリー・ダンを演奏しているかのように聴こえた。私の知る限り、彼らは1995年にメルダックからリリースされた『Lo-fi- ~ Electric Acoustic & Radical』というコンピレーションに収録された1曲しか録音していない。それでも彼らは関西テレビのドキュメンタリー番組『精神解放ノ為ノ音楽』でとりあげられ、後世に語り継がれている。これは、90年代の方が日本のテレビが面白かったことを如実に物語っている。

この番組では、「スカムナイト2」にも出ていた女子高生のトリオ、スーパー・ボールも断片的にフィーチャーされているが、彼女たちの方がより山本が主張していた「ホンマモンのスカム・ロックはまず自然体でなければならない」というのに近いだろう。グループの格言のようなパフォーマンスには典型的なロックのダイナミズムが反転されており、しばしばフロント・ウーマン、ナオミの一本調子のヴォーカルと不規則なリコーダーとハーモニカにドラムを叩くバッテリー駆動のクマのぬいぐるみの薄っぺらいビートの伴奏だけで構成されていた。彼女たちがいちばんメロディというものに近づいたのは、切れ目なく〝ABCの歌〟を演奏したときだった。喧嘩腰で耳障りなプレイに慣れた小屋のステージ上でほとんど何もしなかったのは（典型的なスーパー・ボールのギグの長さはマゾンナのショウよりも短かった）、それだけでもう、彼女たちの究極の型として確立されていたのだ。EYヨは、彼女たちを最初に聴いたときのことを、バットホール・サーファーズとの出会いと比較している。

それは、GUTAI（具体美術協会）やフルクサス風のパフォーマンス・アートをアンダーグラウンドの音楽シーンに置き換えたもの、もしくは、非常階段やハナタラシなどのようなアクトがライヴ・パフォーマンスへの期待を覆す論理の延長線上にあるものと言えるのかもしれない。1995年に〈Augen〉からリリースされたVHS『Teenage Superstar on Stage』の切り抜き動画をYouTubeで観た時に私が得た収穫は、このグループが超クールだというのがわかったことだった。（彼女らはまた、私がかつて東京の円盤や無力無善寺などのニッチなライヴハウスで観たさまざまなパフォーマンスを思い起させてくれたが、私にはどうも、自らのことをスカムだと公言していない人に対して、そのタグ付け

をするのはためらわれる。スカムが持つ側面として、それとは距離をとりたがる人々が多いということがあるからだ）

ボアダムスが大成功したことで活性化された音楽シーンにおいては、スカムは理にかなっていた。バンドのメンバー自身が熱狂的な参加者であったことから、公演の観客動員数も多かった。実際に楽器を演奏できる人々にとって、スカムはボアダムスよりもさらに音楽的な形式に縛られることのない、ある意味で（アダムとイヴの）堕落以前の純真さに戻る機会を与えたのだ（手順１：弾けない楽器を手に取る）。自身も第一世代の〝スカマー〟であるライターの松本亀吉が共有した課題は、簡単にいえば、「どれだけ奇を衒って、ステージでいかに非音楽的なことができるか」ということだった（これは単に関西だけのことではなかったことを記しておきたい。サーファーズ・オブ・ロマンチカは、関東のスカムの先駆けとして広く認識されていたのだ）。

これはまた、２０００年のアーヴィン・チュシッドの著書『Songs in the Key of Z（ソングス・イン・ザ・キー・オブ・ジー）』（日本語版は２００６年に出版）が広めた「アウトサイダー・ミュージック」という概念と重なるところがある。チュシッドはこの言葉を従来の音楽シーンの外側に存在する、しばしば自己認識や技術的能力の欠如を顕著に示す独学者の奇人たちを擁護するために使った。本のなかにはシャッグスが、ダニエル・ジョンストン、ウェスリー・ウィリス、ハリー・パーチ、ジャンデックやキャプテン・ビーフハートといったさまざまなアーティストとともに取り上げられている。「間違ったものであればあるほど、なかでもとくに自意識が低いほど、それは純粋なオリジナリティへと近づいていく」とチュシッドは本の序文に書いており、山本のスカムについてのコメントにこだましているかのようだ。時期を考えると両者が同じことを話していた可能性はあるが、私にはそれらふたつの言葉に互換性があると言っていいのかどうかはわからない。小規模であったとしてもクラブ・シーンという存在は、参加者を真の〝アウトサイダー〟というステータスからは除外しているように思う。チュシッドがプロファイリングした多数のアーティストとは違って、精神疾患はそのシーンの中心的な役割を果たしてはいなかった。

もしかすると、関西スカム・ブームについての記録や資料が少ないことが、かえってその影響力を長続きさせているのかもしれない。スカムは結果として残されたアーティファクト（遺物）よりも、パ

column 01

フォーマンスそのものによって定義されてきたのだ。前述のメルダックの〝Lo-Fi〟コンピレーションとは別にもうひとつ、１９９４年に〈¿Los Apson?〉よりリリースされた『Mi Caballito Chulo……! Como Lo Quie Ro……』がある。一方、スーパー・ボールは、〈Benten〉レーベルから出たガレージ・ロックに特化したコンピレーションにしれっと2曲ほど収録されている。だがYouTube上に出回っている奇妙なヴィデオ以外は、このシーンが花開いた短期間に何が起こっていたのかを知るには、伝聞を頼るしかない。ＥＹヨ、山本精一にマゾンナの山崎マゾで構成されたYamazuというユニットが存在したことは知っていたが、オンライン上でみつかった情報は、このトリオがアンプからアンプへと飛び移るパフォーマンスの様子を描写したＸの投稿ひとつだけだった。（その投稿者はこうつぶやいている——「会場は満員だった」）

スカムがどんなものかを知りたい人は、その答えを当時から活躍し続けるウルトラファッカーズに求めるかもしれない。フロントマンのＫＫラングリーはいまでも頭にビニール袋をかぶって風変りなライヴをしているし、スカム・シーンを扇動したその他の連中がシーンから去ってほかのことをやりはじめても、ずっとスカム・ナイトのイベントを企画し続けている。他のスカム系の仲間とは違い、このグループには膨大なディコグラフィーがある。私の耳には、ウルトラファッカーズの壊れたパンク・リフや敵対するようなコメディはスーパー・ボールがやっていたことに比べるとそれほどラディカルには聴こえないが、彼らが後のオシリペンペンズ、クリトリック・リスやKK mangaなどの前例となったことは確かだ。

そこから先は、KK mangaをインスピレーションの源だと公言するＢＢＢＢＢＢまではほんのひとっ飛びだ。そして彼らだけが最近スカムについて言及しているというわけではない。この用語はスカスカおせちやＤＲＵＧＰＡＰＡなどのアクトを含むヴェイパーウェイヴとナードコアのサークルなどが言いふらすようになって、新たな命を与えられている。それが実際に何を意味するかは人によって異なるようだが、敢えて不完全であること、芸術性や趣味の良さのようなものを短絡的に排除するようなことを意味している。スカムにおいては、不正が正しく、悪が善なのだ。パンク、ノイズ、オルタナティヴなどがその意味を奪われたとき、スカムはろくでなしたちの最後の砦であり続ける。

日本の音楽との出会い 1
Phew
フュー、インタヴュー

「わ、これすごい」と思ったのは、高校2年生のときに神戸で見た、飢餓同盟っていうバンド

音楽リスニングは年齢を重ねるごとに変化するし、しなかったりもする。20年前に好きだった音楽がいま好きだとは限らないが、ずっと好きなままの音楽もある。デイヴィッド・トゥープにならえば、音楽リスニングも創造的行為なのだ。この取材の数ヶ月も、そして取材をおこなった5月末にもヨーロッパ・ツアーをしているPhewにとっての日本の音楽とは……

Phew
フュー、インタヴュー

取材：野田努
by Tsutomu Noda
写真：細倉真弓
photo by Mayumi Hosokura / The Wire

あるとき、そのゴールデン・カップスのレコードを聴いて、A面は別に何とも思わなかったんですけど、B面のルイズルイス加部が作った〝午前3時のハプニング〟という曲。いま聴いても面白くて。

——Phewさんにとっての邦楽体験、その最初は？

Phew 最初はザ・タイガース。

——小学校の頃？

Phew 小学生のとき、最初に買ってもらったレコードがタイガースの『世界はボクらを待っている』。

——いまでも聴きますか？

Phew いまでも聴いてますし、いまでも持ってますよ。

——マジですか？ では、音楽リスナーとしてのアイデンティティみたいなものがある程度形成されてから以降では？

Phew そうね、GSの流れでいうと、姉がいたんですよ。わたしはタイガースが大好きで、姉はザ・ゴールデン・カップスが好きで。わたしは『世界はボクらを待っている』、姉はゴールデン・カップスのLPを持ってたの。で、姉は主にルックスで、ルイズルイス加部の大ファンで、ブロマイドとかいっぱい家にあったり（笑）。あるとき、そのゴールデン・カップスのレコードを聴いて、A面は別に何とも思わなかったんですけど、B面がすごい変わってるなっていう印象で。それはルイズルイス加部が作った〝午前3時のハプニング〟という曲なんですよ。いま聴いても面白くて。まあ当時は変わってるな、ぐらいにしか思わなかったけど、わりと最初かもしれないですね。歌とかメロディでいいなと思うんじゃなくて、サウンドで「変わってるな」みたいな印象に残ってるのは。

——全体的な雰囲気みたいなものが異質だったということでしょうか？

Phew　全体ですね。早送りの声とギターからはじまって、途中からローハイドっぽいリズムが入ってきて、とくに盛り上がらず、なんとなく終わってしまう。いま思うと最初に聞いたサイケロックかも。

――中学生以降はどうだったんでしょう?

Phew　中学生以降は、もう本当に西洋かぶれ（笑）。大阪の万博広場で「8.8 ROCK DAY」っていうのを毎年やってたんですよ。それに中学3年の時と、高1、高2……2、3回行ってたんですよ。そのときに初めて日本のロックバンド、センチメンタル・シティ・ロマンスとか、めんたんぴんとか、カルメン・マキ&OZとかを観ました。あとニューヨーク・ドールズを京都で観たんですけど、それは内田裕也さんが主催してた「ワールド・ロック・フェスティバル」っていうフェスで、そこにも日本のバンドが、フラワー・トラベリング・バンドとかジョー山中が出ていて。あと、沖縄のバンド?THE CABARETっていうバンドなんですけど、後にコンディション・グリーンっていう名前になって。その時に、内田裕也さんは良いと思いましたね。

――それは意外です。内田裕也さんはそのとき何をやられたんですか?

Phew　フラワー・トラベリン・バンドで歌ってたのかな。ちょっとごっちゃになってるんですけど、（ステージに）出てきて、お客を煽るんですけど、なんか空振りで、そのあたりがデヴィット・ヨハンセンに似てると思いました。あと、だいぶ後になって、ジョーイ・ラモーンにも声質が似ていると思いましたね。内田裕也さんの歌声とリズム感は好きですね。日本人ってこう、縦ノリじゃないですか。尾

だててんりゅうと飢餓同盟って、プログレでもないし、ハード・ロックでもないし、なんだろうと思いました。たぶんね、CANとかに影響されたんじゃないかなと。

ザ・タイガース
世界はボクらを待っている
1968

藤イサオとか、ロックって言っててもやっぱり日本の歌になっちゃう。でも内田裕也さんの歌はね、ちゃんとロックなんですよね。

――グルーヴがある？

Phew 跳ねてる。あれ、できない。

――なるほどね。

Phew あっ、あと、本当に「わ、これすごい」と思ったのは、高校2年生のときに神戸で見た、飢餓同盟っていうバンドで。レコードも残ってないし。

――キガって、飢えの？

Phew バンド名は安部公房の小説からとったと思うんですけど。それは後DADAの小西健司さんがベースで、たまたま神戸で観て、それはすごいよかったです。リズムの感じとかミニマルで。当時の日本のロックは、ハード・ロックかブルースかみたいななかで、すごいかっこいいと思った。

――いやしかし、意外と聴いてらっしゃるんですね。

Phew いや、そうでもないですよ。それから、だててんりゅう。飢餓同盟を見たちょっと後ぐらいだと思うけど。楢崎裕史さん、亡くなりましたよね、一昨年。とにかく、だててんりゅうと飢餓同盟って、プログレでもないしハード・ロックでもないし、なんだろうと思いました。たぶんね、CANとかに影響されたんじゃないかなと。

――なるほど。実際に、楢崎裕史さんとか、そういう発言をされていたんですか？

Phew いや、そういうインタヴューとか残ってないと思うし、私個人の印象です。わたし、神戸のロック喫茶でアルバイトしてたんですよね。それで、バイトしてたロック喫茶の近くでコンサートがあるっていうことで、たまたま観に行ったんです。神戸のごくごく一部のロックファンの間では話題になっていた。

――神戸のロック喫茶でアルバイトしたのって、高校生のときですよね。

Phew 高校、16とか17歳。

――そのロック喫茶にはよく行ってたんですか？

Phew もう、しょっちゅう、学校の帰りに直行で。そのうち学校サボってまで入りびたるようになって。ロキシー・ミュージックとかも、そこで初めて聴いたの。こんなのあるんだ、みたいな。

——ではその時代、レコードまで買ったアーティストっていますか？

Phew　外道。

——おお、外道！　ロックンロールじゃないですか。

Phew　あと久保田麻琴と夕焼け楽団、あのゴジラのやつ。

——『サンセット・ギャング』。

Phew　そう、それぐらいかな。

——その外道というのは、わかるようでわからないような（笑）。

Phew　でもね、ロック喫茶で聴くと「かっこいい！」って思って（笑）。

——十代のころはなんでも聴いてたんですね。

Phew　なんでも聴いてましたね。シルヴァーヘッドと外道って繋がってるかな？

——え？　シルヴァーヘッド？

Phew　シルヴァーヘッドが好きで。シルヴァーヘッドを聴いて外道とかをお店で聴いて、かっこいい、シルヴァーヘッドみたいだなって。

——（笑）

Phew　そのころ親が京都の病院に入院してて、お見舞いに行った帰りに必ず京都のロック喫茶に行って。そこでもなんかいろんな話をしたり聞いたりするんですけど、もう、遠い目をして言うんですよね、村八分……って。わたしは聴いたことなかったんですけど、「村八ってすごいんだよね」みたいな。もう、村八分と裸のラリーズはすでに伝説で、ちょっとでも会ったことある人は遠い目をして「水谷さんがね……」みたいな。うわーこれなんだろう、って。

——すごいですね（笑）。

Phew　本当にね、なんだろう？　と思いましたね。

——生きながらにして伝説に。それはともかく、そういうアンダーグラウンドの文化がちゃんとあったんですね。ロック喫茶の文化として。

Phew　当時のロック喫茶っていうのは、10代の子がたまる場所でしたね。お店によってはただ不良がいるところと、ただ音楽を聴きたいがために通ってる、そういうお店もあった。わたしは、不良なところはあんまり行かなかったですね。

——でも、村八分にラリーズっていったらじゅうぶん不良のところじゃないですか。

Phew　それはね、京都の〈ポパイ〉っていうところかな、ハードロックばっかりかけていたような。

——よく、ブルースは大阪とか。

Phew　そう、大阪はね、ブルースとフォークだったんです。

——京都、大阪、神戸って、それぞれ文化が違いますよね。

Phew　神戸が一番ダメですね（笑）。カウンター・カルチャー的なものはゼロですね。ぬるま湯（笑）。昔からぬるま湯。

——ぬるま湯（笑）。じゃあ、早熟なPhewさんとしては物足りなかった。

Phew　そうね、大阪のロック喫茶にも時々行ったけど、神戸にロキシー・ミュージックやスパークスとかがかかるお店が二軒ほどあって頻繁に通っていた。同級生でも通う店が違うんですね。わたしはレコード聴きたいっていうのが一番にあって、別の子はなんかマスターと知り合いになりたい、みたいな（笑）。

——あー、なるほどね。

Phew　なんか同級生で『ロック・マガジン』の編集部に遊びに行ってきたとか、『ロッキング・オン』の岩谷宏に手紙書いてる子とかがいて、まったくそういうのが理解できなくて、早熟でもなかった（笑）。なんかそういう文化（笑）。普通に。それで、読んでる本が寺山修司の『家出のすすめ』とか。そういう時代でしたね。

——でも、ある意味、良い時代じゃないですか。それだけ熱量があったんですよ。

Phew　とくにその神戸なんて、東京と違ってそういうメディアがないじゃないですか。「編集部ってなに？」みたいな（笑）。

——それでまあ、Phewさんも『ロック・マガジン』に（笑）。

Phew　わたしはね、アーント・サリーを始めて、デモテープを持って行ったのが最初ですよ。

——ああ、そうですか、アーント・サリーのが先。

Phew　でも『ロック・マガジン』は創刊号から読

んでました。できたのは中3か高1のとき。創刊号が駅前の書店にパッと面出しで置いてあって、表紙が変わってるからなんだろう？　みたいな。そういう本がちゃんと本屋さんに流通してていう、まあ、すごい時代ですよね。

――昔の話をしていただきましたが、では、いま現在のPhewさんのなかでとくに評価している日本の音楽にはどんなものがありますか？

Phew　ああ。黛敏郎と小杉武久さん。このふたりです。

――その理由を聞かせてください。

Phew　黛さんの曲はメロディがすごいし、映画音楽もすごくセンスがある。メロディでいうと林光さんも好きですけど。黛敏郎は最初、保守派のイメージがあって敬遠していたんですけど、映画でこの音楽すごいと思ったものは、大抵、黛敏郎作曲。『黒蜥蜴』の歌が最高。ほかにも溝口健二の……最後の映画の『赤線地帯』とか成瀬巳喜男の『女が階段を上る時』とか、強く印象に残っています。すごく変わった旋律なんだけれど力強くて、ポップというか耳に親しい感じ。

――小杉さんは？

Phew　小杉さんはなんだろう、身体のある音楽っていうか。同じ機材を使って同じことをやっても同じ音にはならない。

――あの、小杉さんが最初やってたグループとか。

Phew　タージ・マハル旅行団。

――そう、タージ・マハル旅行団は？

Phew　それはね、知ってたんですよ、でも、ちょうどパンクのころだったから、ヒッピーとか……。「ヒッピー無理！」っていうことで遮断してたんですけども、後になって、どうして見に行かなかったんだろうと。本当に、パンクってダメだったなって思いますね（笑）。

――なんでですか（笑）。

Phew　長髪ダメ、ヒッピーダメみたいに、よく知らないくせに前の世代をすべ否定して遮断して、でも代わりになるものは、子どもの悪ふざけ的なものしか提示できなかった、結局。

――小杉さんを好きになったきっかけは？

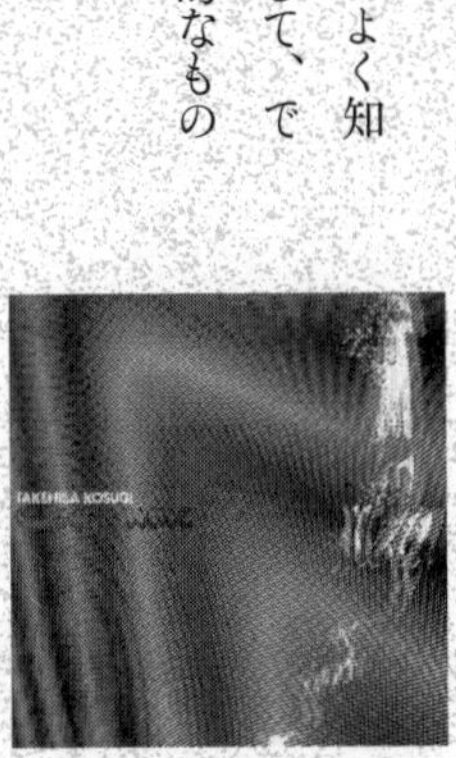

小杉武久
CATCH-WAVE
1975

Phew　最初に聴いたのは『CATCH-WAVE』。日本の音楽家では、黛さん、小杉さん、あと思いつくのは高橋悠治さんです。ピアノの音色がすごくきれい。高橋悠治さんが作曲したものだと『泥の海』とか好きですね。それから水牛楽団も大好きです。『管制塔の歌』や『パレスチナの子どもの神さまへのてがみ』は名曲です。

——Phewさんは一緒にやってます。

Phew　あれはわたしから、高橋悠治さんに一緒にやりたいです、って。

——で、どうでしたか？

Phew　良い経験になりましたし。コンサートも素晴らしいものになったと思います。音色が本当に綺麗で、調律とか、やっぱりペダルの踏み加減とか、タッチとかいろいろあるんでしょうけど、それだけじゃないなにかがあると感じました。身体性といっていいのかもしれませんが。

——それは小杉さんとはまた違う？

Phew　その「なにか」は、大きなところでは同じかもしれませんが、また違う……で、それは「個性」ということでもないと感じています。

小杉さんの亡くなられる3年前ぐらいに観に行ったのかな。まさに具体音楽で、輪ゴムだけで演奏していらっしゃったんだけど、身体から直に出てる音という感じが強烈でした。ちゃんとコンセプトはあるし再現可能なように作曲されていると思うんですけど、違う人が同じことやっても、あの音にはならない。

——それに、小杉さんにしても、高橋悠治さんにしても、サウンド・クリエイターであると同時に音の思索者というか側面もありますよね。

Phew　あとまあ、クラシック的な教養も背景にすごく感じますね。ただドローンをやってるように聴こえるけど、実はものすごく、計算されてるんですよね。

——しかも、クラシックの素養がありながら、クラシックに支配されてないですからね。

Phew　そうそうそう。でもね、その素養があるっていうのは、すごく大きいと思います。

高橋悠治
Real Time 10 - The Sea Of Mud
2000

——ああ、なるほど。
Phew あとだれだろう。まあ、いろいろ（笑）。
——そのいろいろはだれでしょう（笑）。
Phew 灰野敬二さんも好きですよ。
——灰野さんとも共演されてますもんね。
Phew そう。コロナのときにね、初めて。同じイベントではしょっちゅう演奏してたけど、一緒には演奏したことなかったんですよ。一緒にやってみて、すごく面白くて。
——Phewさんから見た、灰野さんの面白さってどこなんですか？
Phew やっぱりね、音質。それこそコードとか、そういうものとはまた別のところで、音楽。やっぱり出てくる音がすごく面白い。
——唯一無二の人ですよね。
Phew あの人もやっぱり身体の人で。
——まあ、たしかに。なるほど。
Phew イクエ・モリさんも好きだし。
——イクエ・モリさんもキャリアの長い方で、最初はDNAのドラマーで、最近でもジュリアンナ・バーウィックのような人とも一緒にやったりとか幅広い。
Phew 『No New York』でDNAを初めて聴いたんですけど。あのドラムはショックでした。普通、ドラムってパンクの人でもリズムを刻んでたじゃないですか、どんなに下手でも。DNAがすごく衝撃的だったのは、ドラムが止まるんですよ。ブレイクとかじゃなくって。それで、すっごいびっくりして。
——モーリン・タッカー以上ですね（笑）。
Phew モーリン・タッカーは面白いですけど、ずっとリズムをキープする。（イクエ・モリのドラムは）止まったんですよ。だから、これすごいと思った。本当に衝撃でしたね。そう、それがイクエ・モリさんの最初の印象です。
——共演されていますが、どんな印象を持ちましたか。
Phew とても賢い方ですね。初めて会ったのは、ポーランドのフェスティバルだったんです。2016年ですね。そのときに初めて会話をして。で、森さんは何年後かに日本に帰ってきてるんですけど、それで連絡をもらうようになって、で、一緒にやったのかな。

――作品として印象に残っているのでは、ほかに何がありますか？

Phew　小杉武久さんの『CATCH-WAVE』。高橋悠治さんの『泥の海』。ザ・タイガースの『世界はボクらを待っている』。あ、忘れてた！　至福団の『ごてらい奴ら』が好きです。飢餓同盟の小西健司さんと北田昌宏くん、あのコンビは最強。音源としては残ってないんですけど人民オリンピックショーも好きでした。当時、ライヴを何回か観て、すごく良かったです。ドラムが箕輪政博くんで、ギターは川上玄一郎くんかな？　ベースは……。よく覚えてるのが、渋谷ライヴインで、JAGATARAと人民オリンピックショーを観に行って。その時の人民オリンピックショーの演奏がすごく良かった。

――じゃあ日本のパンク以降のバンドで、Phewさんのなかでとくに印象に残っているのは、そのふたつですよね。

Phew　そうですね。あと、PUNGOも好きです。あと、東京ロッカーズだったらフリクションが好きです。とくにライヴが良かったですね。最初に観たのは、ギターがまだラピスだった時代でしたね。

――あと、Phewさんと言えば、戸川純さんについても訊いておかないと。

Phew　屋根裏のゲルニカのライヴを見てるんですよね。ゲルニカの最初のライヴだったんじゃないかな。で、最初のライヴなんだけど、完成されてる。ショーとしても曲も。ああ、すごいなって。

――Phewさんから見た戸川さんの魅力はなんですか？

Phew　やっぱり、すごいエンターテイナー。どんなものでもエンターテインメントにするっていうか。歌手としてもそうですし、人前で何かやる人として、アーティストとして、すごくプロフェッショナルな人です。『改造への躍動』も好きでした。

至福団
ごてらい奴ら
1986（1991年再発）

日本の前衛音楽　誰のものでもない「私」による音楽

column 02

文：高橋智子
by Tomoko Takahashi

「前衛音楽」には二つある。一つは歴史的な文脈のなかでの前衛音楽で、第二次世界大戦後のアカデミックな音楽を指し、ヨーロッパ中心主義の価値観に基づく。1946年にドイツで始まったダルムシュタット国際現代音楽夏期講習会がその中心的な役割を担っていた。ピエール・ブーレーズ、カールハインツ・シュトックハウゼン、ルイジ・ノーノといった当時の若手作曲家たちはダルムシュタット楽派と呼ばれ、ヨーロッパの前衛音楽を象徴する存在となった。それぞれ作風は異なるが、彼らの1950年代、60年代の曲を聴けば、当時の前衛音楽の雰囲気を感じることができる。

戦後まもなく、日本の芸術家も前衛を希求した。1951年には武満徹や湯浅譲二が名を連ねていた総合芸術グループ、実験工房が結成された。その後、1960年代には草月アートセンターが日本の前衛シーンの中心的な場となり、ジョン・ケージの初来日公演やオノ・ヨーコの一連のパフォーマンスもここで行われた。この時点では欧米の前衛を受容して解釈したうえでの前衛だったといえるが、その後、欧米の後追いではない「日本の」前衛音楽が日本国内外で認識されるようになる。例えば、武満の音楽は西洋の弁証法的な時間の感覚とは違った、アニミズムや禅にも通じる「日本的な時間」の印象を与える。このような音楽が日本の外から見た「日本の前衛音楽」

ele-king 33

のわかりやすい例の役割を担っていることもたしかだ。

もう一つの前衛音楽は、歴史や時代を超越した普遍的な精神や態度としての前衛音楽である。

受付で銭を受けとっておいて、ピアノの前で坐っているだけでピアノをひかないで消えた奴、楽器をぶっこわしてみせて入口で金をとった奴。まったく詐欺だよ、これは。（＊1）

この強烈な一文を書いたのは詩人で作家の富岡多恵子だ。この描写から、多くの人が今や伝説となった前衛音楽家のパフォーマンス（＊2）を思い浮かべて笑ってしまうかもしれないが、彼女は真剣だ。芸術家は凡人が現実世界では見ることのできない想像上の世界や事物を見せてくれる。私たちは芸術家に期待し、芸術家はその期待に応えてくれるはずだ。私たちと芸術家とのこのような関係を富岡は信用取引に喩えている。従来の行儀のよい芸術においては二者間の信用取引が成立していたが、前衛となると、彼女の言うとおり、心地よい美的体験を期待する観衆の期待からはほど遠い「詐欺」にも近いハズレを引くこともある。富岡にとって、このようなハズレの芸術は「不渡手形」なのだ。だが、後述するが、彼女も一時期、前衛音楽ともいえる世界に自ら接近していた。

熱い志を秘めていようと何を表現したいのか意味不明で、時にグロテスクで凡人の理解を超えている作品やパフォーマンス—これが特定の時代とは関係なく「前衛」から連想されるイメージだろう。音楽でいうならば、大半の常識的な耳に不快と感じられる大音量の騒音、口ずさめないし踊れもしない難解な無調音楽、曲の始まりから終わりまで緊張し続けている不協和音のテクスチュア、「音楽」と銘打ちながらも音楽や演奏と呼ぶのを憚られる行為などが前衛音楽のイメージを作りあげてきた。歴史的、慣習的なものに挑んできた前衛音楽は、「音楽に関する探求の意義ある一領域を担っているという事実と、しかし一般社会においては不評であるという事実とを、ともに

column 02

過不足なくひきうけられるアイデンティティ」（＊3）を背負っている。音楽に限らず、この二つのアイデンティティは「前衛」と称されるあらゆる芸術や概念にも当てはまる。前衛は、猛烈なスピードで先を走り過ぎていて、同じ時代を過ごしているはずの観衆には理解も評価もされない運命にあると言ってもよいだろう。

前衛を同時代のものと捉えて、それを定義する試みも常になされてきた。美術批評家のクレメント・グリーンバーグは、イデオロギーの混乱と暴力のさなかで文化を推進し得る道を探すことを前衛の最も重要な機能とみなした（＊4）。芸術は社会の諸相を映し出す一方、「芸術のための芸術」も追求している。後者の態度を音楽において踏襲した結果、音や音響の純粋性に依拠した高度に抽象的な音楽が「前衛」の荷を背負ってきた。

ここで告白すると、これまで筆者は日本の前衛音楽を単に「日本の音楽家による前衛的でぶっとんだ作品」程度にしか思っておらず、これは実に浅薄な態度だと反省している。しかし、日本の前衛音楽の作品をいくつか選んでみて気付いたのだが、先に述べた抽象的な音楽ではなく、その多くが日本の地理的、文化的な特徴、特に日本語という言葉の存在を強く感じさせるのだ。絵画ならば色彩や陰影、彫刻ならば木や金属といった物質、ダンスならば生々しい肉体、音楽ならば環境音も含めた幅広い意味での音響というように、前衛芸術は純然たる剥き出しの素材を前にした人間の創造的な営みとされてきた。ただ、これが「日本の」となると、途端に日本語が前面に出てきて、一気に土着性を帯びる。筆者が選んだ作品の多くが声や言葉と結びついている。

富岡多恵子のアルバム『物語のようにふるさとは遠い』は富岡曰く「歌謡曲」だが、制作の経緯も曲も充分に前衛的で、ぶっとんでいるとしか言いようがない。作曲家の選定にあたって富岡が出した条件、「今まで『歌謡曲』を書いたことのないその世界では無名のひと、しかも才能のある二十代の若い男性」（＊5）に合致したのが坂本龍一だった。日本語のアクセントや抑揚を旋律の犠牲にしなければ、どんな難しい曲でもかまわない（＊6）。そう決心した富岡の歌声は、複雑な伴奏にも動じることなく肝が据わっている。先の引用にて、前衛にありがちなコンセプチュアルな行為を

「詐欺」と批判した彼女は歌という正攻法で堂々と自分を曝け出す。この思い切りのよさと堂々とした態度はオノ・ヨーコの超絶歌唱にも通じる。手練れのミュージシャンを従えて「Don't Worry Kyoko」と歌う度胸はただ者ではない。日本語話者の耳に「Kyoko」はカタカナの「キョーコ」に聴こえてしまうが、ここまでくると何語で歌っていようとオノの言葉なのだ。

「歴史的な前衛」と「普遍的な前衛」の二つの視点をふまえて、筆者は以下の作品を選んだ。

グループ・音楽『music of group ONGAKU』、一柳慧『オペラ横尾忠則を歌う』、山下洋輔トリオ『Dancing 古事記』、武満徹の映画音楽集、柴田南雄『合唱のためのシアター・ピース』は1960年代、70年代の日本の前衛音楽の機運を伝える、今や歴史的な位置付けの作品である。

灰野敬二『わたしだけ』は、富岡やオノと同様、時代を問わず唯一無二の個性を追求した普遍的な前衛精神としての1枚である。

［脚注］

（＊1）富岡多恵子、「芸術という不渡手形」、『詩よ歌よ、さようなら』、冬樹社、1978年、64頁。

（＊2）例えば、ケージの「4分33秒」や、アップライト・ピアノを舞台の上で破壊するナムジュン・パイクのパフォーマンスがここで連想される。

（＊3）澁谷政子「前衛音楽のアイデンティティについての問い――「音楽の零度」と「不評」の相克――」、『福井大学教育地域科学部紀要 Ⅵ（芸術・体育学 音楽編）』、第37巻、2007年、2頁。

（＊4）クレメント・グリーンバーグ、「アヴァンギャルドとキッチュ」、『グリーンバーグ批評選集』藤枝晃雄編訳、勁草書房、2005年、4頁。

（＊5）富岡多恵子、「歌謡曲への裏切り」、『詩よ歌よ、さようなら』、冬樹社、1978年、148頁。

（＊6）同前書、149頁。

グループ・音楽 *01*

music of group ONGAKU

1996

1960年、61年に録音された四つの演奏には小杉武久、塩見允枝子、戸島美喜夫、刀根康尚、柘植元一、水野修孝が参加している。彼らは集団即興を通して音楽の時間と空間の様々なあり方を問い、また、直接的な行為としての音楽の可能性を探求した。後に小杉はタージ・マハル旅行団を結成し、塩見と刀根はフルクサスに参加する。彼らの活動は日本の前衛音楽が同時代の世界各国の前衛シーンに開かれるきっかけとなった。

一柳慧 *02*

オペラ横尾忠則を歌う

1969

これは日本におけるメディア・ミックスの最初期の試みである。当時NYに滞在していた横尾忠則が、ケージのある意味「正統な」前衛の系譜にいた一柳慧をロウアー・イーストサイドのサイケデリック・シーンに誘うという、文字にしてみてもよくわからない展開からこの作品は始まった。音楽的にも人脈的にも出会う可能性の低そうなもの同士の激しいぶつかり合いが、このなかで繰り広げられている。

山下洋輔トリオ *03*

Dancing 古事記

1969

1969年7月に早稲田大学本部キャンパス8号館地下1階で行われた演奏。黒ヘル舞台隊長によるアジテーションは音が割れていて断片的にしか聴こえないが、それがかえってその場の雰囲気を克明に伝えている。演奏が始まると、山下のピアノ、森山威男のドラム、中村誠一のサックスによる抜き差しならない緊張状態が続く。三人はバリケードのなかにいたはずだが、彼らのエネルギーはそんなものを軽く突破していただろう。

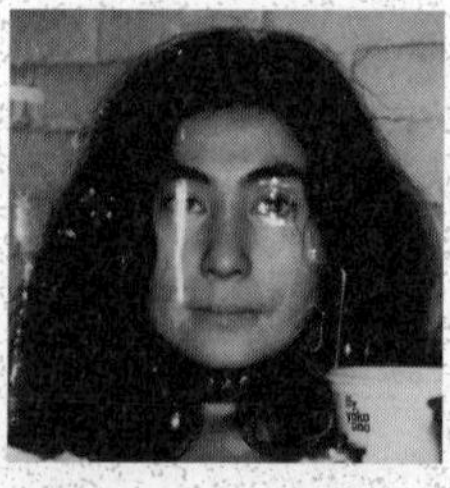

オノ・ヨーコ *04*

Fly

1971

今や〝Yoko Ono〟と書く方がしっくりくる彼女を日本の前衛とみなしてよいのかどうか、正直わからない。このアルバムが制作されたのはNYで、ここで彼女はほとんど英語で歌っている（「Air Mail」で日本語が聴こえるが）。だが、ジョン・レノンによる全面的なサポートがあったものの、1971年に異国で一人の日本人女性が自分の音楽表現をここまで追求した。そのこと自体に大きな意味がある。

05

武満徹
オリジナル・サウンドトラックによる武満徹　映画音楽
2006

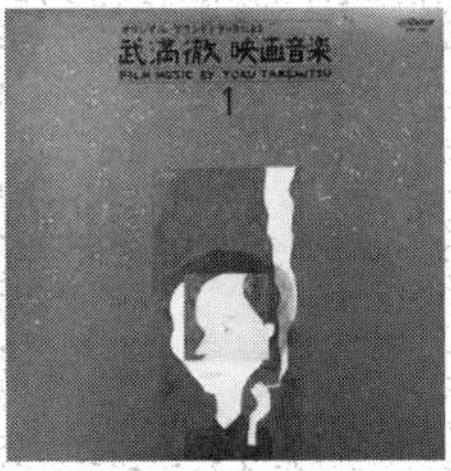

武満徹の代表的な映画音楽が6枚組に収録されている。よく言われるように、作曲家にとって映画音楽は格好の実験の場である。武満もその例外ではない。篠田正浩、勅使河原宏らの映画に武満が書き下ろした音楽の数々は、彼の代表的なオーケストラ作品とは異なり、前田美波里が歌う「他人の顔」のワルツ調ポピュラー・ソング、効果音として機能するミュジック・コンクレートなど、普段の彼の音楽とは違う一面を見せてくれる。

06

柴田南雄
合唱のためのシアター・ピース
1996

作曲家、音楽学者の柴田南雄（1916 - 96）による「シアター・ピース」シリーズは、前衛音楽とはほど遠いように見える日本の民謡や祭祀芸能を素材としていながらも、前衛と呼ぶにふさわしい。このシリーズに通常の楽譜は存在しない。日本各地の民謡や遊び歌が素材として提示され、指揮者、合唱者、演出家がそれらを構成して舞台空間を作る。演奏の都度に響きや演出が変わるので、民謡を用いた不確定性の音楽とも言える。

07

富岡多恵子
物語のようにふるさとは遠い
1977

富岡自身はこのアルバムを前衛だなんて思ってもいなかっただろうが、どの曲も尖っている。相手の音楽的な技量がどうであれ、坂本龍一の作曲と編曲は容赦ない。フュージョン風の編曲に耳を澄ますと、シンセサイザーの音色が後の〝千のナイフ〟を予示していることがわかる。言葉の抑揚を尊重した旋律は、時に字余りのように割り切れないリズムの複雑な旋律となる。だが、富岡は自分の歌を旋律という型に無理に収めようとしない。

08

灰野敬二
わたしだけ
1981

灰野の音楽は、他の誰かの音楽との比較や何かへの比喩が不可能だ。タイトルのとおり、彼にとっての「わたしだけ」の世界が、様々な声、言葉、歌、楽器の音として具現し、立ち現れては消えていく。意味やイメージを伝える類の音楽とは違い、彼の音楽は喩えようのない絶対的な境地を目指しているのかもしれない。この先どんなに時間が経とうと、このアルバムはいつも鮮烈に響くだろう。

角銅真実と蓮沼執太が語る、日本の音楽の開拓者たち
——武満徹から灰野敬二、細野晴臣、坂本龍一、吉村弘まで

取材：小林拓音
by Takune Kobayashi
写真：小原泰広
photo by Yasuhiro Ohara

ポップと実験を横断する日本の冒険者たちのなかでも、ここ半年ほどで抜きん出た存在感を放っているのが角銅真実と蓮沼執太のふたりだ。パーカッショニストとして出発、フリー・ジャズや即興演奏が培ってきたアイディアを活用しながら最新作『Contact』では民謡もとりあげるなど、独自のエクスペリメンタル・ポップを探求するシンガー・ソングライターの角銅。USのレーベルからグリッチ・エレクトロニカ作品でデビュー後、歌モノ、オーケストラ、サウンドトラック、インスタレーションとどんどん幅を広げ、最新作『unpeople』では人間がいなくなるかもしれないという現代的なテーマに向き合った蓮沼。それぞれ異なる音楽を追求する両名だけれど、その上品さにはどこか共振する部分があるようにも映る。そんなふたりは、みずからが拠点とする島から生まれた音楽についてどのような考えを持っているのだろう。

日本の巨匠たち

――おふたりが尊敬している日本の音楽家、もしくはご自身が活動していくうえで勇気づけられた日本の音楽家を教えてください。

蓮沼　たくさんいますが、まずは武満徹さんが思い浮かびます。いつ聴いても「これ気づいてなかったな」という、いろんな発見がある。いちばん好きなのは『秋庭歌一具』（1979）。『弦楽のためのレクイエム』（1955）もいいですし、〝雨の樹〟（『水の風景』1982収録）は高田みどりさんが参加されていますね。パーカッションの曲にもすばらしいものがあります。

角銅　私は、とある曲の演奏体験なのですが、池辺晋一郎さんの和楽器四重奏〝雨のむこうがわで〟（1978）という曲が思い浮かびました。和楽器の演奏自体もこの曲が初めてで、記譜のしかたや、音の間にもハッとさせられることがたくさんありました。曲のエッセンスが身体に残っていていまでもたまに思い出します。武満徹さんもいろいろ聴いていて、いろいろなものをもらっています。歌の曲はもちろん、劇伴も好きで『怪談』（1965）はとくにいいです。いちばん好きなのは『砂の女』（1964）。

それと勇気づけられるという意味では灰野敬二さんですね。いろんな楽器を演奏されて、モノへの興味ももちろんですが、それ以上に「エネルギー」を扱っているような気がして、そこがすごいなと思います。

――音だけではない部分からもいろんなものが伝わってくるということですか？

角銅　そうなんですが、それを音でやっているというか……なにが音でなにが音じゃないかはわたしにはあんまりわからないんですけど、とにかくエネルギーを扱っているところが大好きです。

——灰野さんとは蓮沼さんも一緒にやられていますよね。

蓮沼　いま一緒にアルバムをつくっていて、ライヴもしています。灰野さんはつねに「いま」の方で、二度とおなじことが起こらない。その生き方を尊敬しています。ぼくは相手を尊敬していないと一緒に音楽はできないんです。蓮沼執太フィルのメンバーも同様で、一緒に練習したり話したりするなかで勇気づけられることが多々ありますね。そういう日常レヴェルでの尊敬っていうのも大切だと思います。

——細野晴臣さんについてはどう見ていますか？

角銅　いまライヴのサポートなど関わらせていただいています。細野さんの音楽を聴いていて、ふと、細野さんはもうだいたいのジャンルの音楽をやっているのではないかと気づきました。その幅広さ。あとユーモアも好きです。わたしは寄席が好きでよく聞きにいくんですけど、数年前にナイツと東京ボーイズと細野さんが出る回があったんです。そこで細野さんは会話で参加していたんですが、めちゃくちゃ面白いんですよ。本人は笑わずたんたんとしゃべっているのに、みんな爆笑していて。わたしも大笑いしました。

蓮沼　ぼくは学生のころ、「日本の音楽」というだけで聴かず嫌いをしている時期があったんです。でも自分が海外のレーベルからリリースが決まったとき、ぼくの音楽だって「日本の音楽」ではないか、と感じました。そのときに、細野さんの昔の作品を片っ端から全カタログを聴いていくことにしました。細野さん自身が多様なスタイルをやっていますし、細野さんの初期の音楽から聴いていけば他のバンドも知ることができる。だから、ぼくにとっては日本の音楽への扉を開いてくれた存在ですね。

角銅　細野さんは劇伴も大好きです。

蓮沼　『銀河鉄道の夜』（1985）とか。

角銅　そうそう。あと、『万引き家族』

細野（晴臣）さん自身が多様なスタイルをやっていますし、細野さんの初期の音楽から聴いていけば他のバンドも知ることができる。だから、ぼくにとっては日本の音楽への扉を開いてくれた存在ですね。（蓮沼）

（坂本龍一の音楽には）
「ピアノってこんな音出せるんだ！」っていう驚きがあります。
あと間がすごい。アルヴァ・ノトさんとふたりだからこそできるのかなとも思うけど。（角銅）

（2018）の劇伴。音楽だけで強い印象を残すものではないところが逆にすごくて、天気のような音楽というか、照明のような音楽というか。音が映像に合わさって立ち上る香りのようなものを感じられて、びっくりしました。

――坂本龍一さんについてもお聞かせください。

蓮沼　デイヴィッド・トゥープとのライヴ盤（『Garden of Shadows and Light』2021）がすごくかっこいいです。

角銅　わたしは、アルヴァ・ノトさんとふたりでやっている作品です（註：2002年の『Vrioon』以降、両者は何度もコラボレーションを重ねている）。

蓮沼　いいよね。ふたりに加えてアンサンブル・モデルンを招いたコラボレーション（『utp_』2009）もあって、それもすごくいいですよ。

角銅　あのピアノの音色のとらえ方とか……「ピアノってこんな音出せるんだ！」っていう驚きがあります。あと間がすごい。アルヴァ・ノトさんとふたりだからこそできるのかなとも思うけど。

蓮沼　坂本さんの音楽からは「音が鳴っていないときにどれだけ気を遣えるか」を意識しますね。

――10年代後半に「発見」された吉村弘さんついてはどういう印象ですか？

角銅　わたしはあまり知らなかったんですが、でもあの葉っぱのジャケットのアルバム（『Green』1986）は（リイシューで聴いて）好きで聴いていました。

蓮沼　ぼくは学生のときNADiffっていう美術ショップでバイトしていたんです。そのときに、いま流行っているような80年代の環境音楽を教えてもらい聴き漁りました。芦川聡さんはそのNADiffの前身のアール・ヴィヴァンに勤めていらっしゃいました。自分が企画構成している「ミュージック・トゥデイ」というイベントがあるのですが、2020年に神奈川県立近代美術館葉山館で開催する予定でした。その際、吉村弘さんの収蔵作品を展示したり再上演するプログラムを考えていたのですが、コロナのパンデミックで中止になってしまいました。実際にアトリエにも伺って、未発表の作品や記録を拝見しました。

日本には幽霊がいる

――日本の音楽と海外の音楽でちがいを感じることはありますか？

角銅　日本独特のユーモアはある気がします。情念というか、ことばの選び方というか……お化けみたいなものというか。日本には幽霊がいますよね。そういう幽霊的なもの。ホラー映画が好きなんですけど、ホラー映画のなかでも『呪怨』とか『リング』の貞子とかのああいう雰囲気は日本的なものを感じますね。音にもそれはあって、ロバート・アルトマン『イメージズ』（1972）の劇伴をツトム・ヤマシタさんがやっているのですが、めちゃくちゃよかったです。

蓮沼　幻聴できるかどうか、鳴っていない音を鳴っているように想像できるかどうか、というのは多少あるかもしれないですね。角銅さんがさっき言っていた、音と音のあいだであったり、音が減衰して次の音がくるまでにどれほど想像を膨らませられるか。日本の作曲家はそのあたりを意識している方が多い気はしますね。

――抽象的な質問になりますが、おふたりは音楽というもののどこに可能性を感じて、音楽をやられていますか？　あるいは音楽の価値はどこにあると思いますか？

蓮沼　それは時代によって変わっていくもので、たとえばいまはサロンに行って聴くわけではなく、全員に音楽を届けるシステムができあがっている。だから音楽は大衆を背負っていくというか、社会とくっついて育っていったり盛りあがっていったり廃れていったりする。食べものみたいに直接的なものではないけど、人間が生きていくことのたいせつな要素のひとつではないでしょうか。

角銅　「なぜ音楽をやっていますか？」というのはわたしにとっては「なぜ生きていますか？」というのとおなじです。なぜか

日本独特のユーモアはある気がします。情念というか、ことばの選び方というか……お化けみたいなものというか。日本には幽霊がいますよね。そういう幽霊的なもの。（角銅）

音と音のあいだであったり、音が減衰して次の音がくるまでにどれほど想像を膨らませられるか。日本の作曲家はそのあたりを意識している方が多い気はしますね。（蓮沼）

はわからないけど、つくられずにはいられないし、出さずにはいられない。祈りでもあります。それに、音楽をやることによって時間や場所を超えていろんな方と出会ったりすることができる。それはすごく嬉しい。

音楽ってエネルギーというか、具体的な、物質的なかたちがないものですよね。コロナ禍のときに時間ができて、物質とか物質社会について考えたんです。わたしたちのまわりはモノにあふれていて、わたしたちはモノを消費している。音楽はそういうモノや物質から離れたものだなって思うと同時に、音楽をつくっているわたしはモノを使って音楽をやっている。そのことに改めて気づいて、ショックがありました。それでいまは、モノじゃないものからなにかつくれないか、みたいなことを考えています。たとえばこうスッと手を動かしただけで、なにかエネルギーが生まれて、それをどうにかできないか、とか。

蓮沼　20世紀の音楽は消費と強く結びついてきましたが、これからは消費と離れた音楽が世界各地で必要になる気がしています。角銅さんの話で思い出したんですが、ぼくが初めて灰野さんのライヴを観たのはニューヨークのイシュー・プロジェクト・ルームというところだったんですね。トニー・コンラッドとの共演で、トニーさんはキャンバスを破ったり弓を使ったりしていたんですが、灰野さんはエア・シンセを使っていて。手を動かすだけでバキバキバキッってすごい音を響かせていたんです。触っていないのに音が鳴って、まさに空間になにかを放っている、目に見えないなにかをやっている感じでしたね。そういう方法には可能性があるかもしれません。

――蓮沼さんの『unpeople』（2023）、角銅さんの『Contact』（2024）、互いの最新作を聴いた感想を教えてください。

角銅　『unpeople』は1曲目からからだにいいと思いました（笑）。蓮沼さんの音楽は、さっきのエネルギーの話でいうと、そもそもエネルギーが生まれる「場」のような音楽だと思って。エネルギーそのものと

いうより場所の音楽というか……状況をつくる部屋みたいな作品だと思った。

蓮沼　場所をつくるっていうのはそうかもですね。べつにぼくが中心にいなくていいです、という感じはたしかにあるかもしれない。ぼくはアルバムは1音目が大事だと思ってるんですが、『Contact』を最初に聴いたとき、もう1音目から音がいいなと。スッとしているというか、名前（真実）どおりウソがないというか。かといってドキュメントではなく物語性もある。聴いていて嬉しくなる音楽ですね。

音楽における「物語」

――ちなみに、音楽をつくっていないときはどんなことをされているんですか？

蓮沼　音楽をつくっていないときはないですね。

角銅　かっこいい。

蓮沼　いやいや（笑）。ぼくは、聴くことが大事だと思うんです。直接音楽制作をしていなくても、たとえばこの部屋のファンの音だったり会話だったり、「今日は風が強いな、いい風の音だな」とか、そういうものを音楽的にとらえていると思うんです。タマゴを使って料理をするとき、タマゴを割る音を聴いて、いい音だと判断するわけですから、それはもうつくっているってことだなという気持ちなんです。

角銅　わたしも聴くことが好きです。音楽をつくっていないときもたくさんあって、たとえば散歩しています。ものを観察するのが好きなんです。ふだんよく通る道があるんですが、そこにひとのかたちをした石碑のようなものがあって。毎日それに向かって「こんにちは」と言って帰るルートがあるんですけど、表情が毎回違うんですよ。最初は、わたしはこの石でできている形の表すモノと会話しているんだって考えていたんですが、ほんとうはそこにはただエネルギーの状態があって、後からわたしがそういう物語をつくっているんだってことに気づいたんです。さっきモノを使って音を出していることにショックを受けた話をしましたけど、そこから、モノがひとに伝わる過程に物語がある感じが面白いなと感じて。ひとは、点と点を見るとそのあいだに物語を感じて理解せずにはいられないといいますか。だからいまは物語に興味がありますね。

蓮沼　そのナラティヴ感はぼくにはないところかも。むしろどちらかというと、そういう物語をぼくは排除していく傾向がある。

角銅　ああ、だから部屋のように感じたのかな。

蓮沼　さっき聴くことがもう音楽だって

言ったのと一緒で、なるべく主体性をなくすというか、聴く人を中心に持っていきたいんですね。フィルの場合もぼく個人よりも、メンバーを主体にして構成していきます。物語でたとえるなら、ひとつのストーリーを提示するというより、楽器や演奏者ひとりひとりの物語をアンサンブルすることで複層的な音楽を目指しています。

――現在の日本の音楽をとりまく状況について、思うところはありますか？

蓮沼　日本だけについて考えることは少ないですね。そうすると日本対海外みたいな、二項対立になってしまうので。日本もその世界のひとつの都市、日本も海外という感覚でいます。海外在住者も日本語の音楽をサウンドとして、純粋に聴いていると思います。そこにインターナショナルやドメスティックという壁はあまりないと思っていて。もし壁をつくっているのであれば、それは日本側の問題で、ぼくはそこには縛られていないというのが正直なところです。

角銅　どうやったら音源を売ったお金で生活できるのかな、とは考えます。ストリーミングってあまりお金入らないですよね。でもそれは日本特有ではなくて世界的な問題か。

蓮沼　そういうプラットフォームが基準になってしまうとつくり出される音楽も均質化されてしまう。選択肢自体はいろいろあったほうがいいと思うけど、人間はめんどくさがり屋なのでつい便利なほうに走ってしまう。ただこれはもう音楽どうこうというより社会システムの話です。なにかをリリースして売って対価を得るという仕組みは20世紀後半のものというか、もうちょっと異なる動き方もあるんじゃないかとは思います。そういうところから新しいクリエイションのアイディアが生まれたりもするから、ぼくはわりとポジティヴではありますけどね。

角銅　けっこうユニークな音楽が多いと思います、日本は。自作楽器でやっている方たちとか。日本には東急ハンズとか便利なホームセンターも多いですよね、ベルリンに住んでいる知り合いが、一か所にたくさん機材を売っている便利なお店がある場所ってなかなかない、だから日本で買っていくって言ってました。そういうところは日本はいいなと思います。

蓮沼　そういうハードウェア・ショップが成り立つのは、オーディオ・マニアとかシンセ・オタクとか、ニッチなひとが多いからかもしれない。

角銅　ニッチなひとがニッチなままでいられる日本であってほしいです。

角銅真実
Contact
ユニバーサル（2024）

蓮沼執太
unpeople
Virgin Music Label & Artist Services（2023）

日本の音楽との出会い 2

取材：野田努
by Tsutomu Noda

Chihei Hatakeyama
畠山地平、インタヴュー

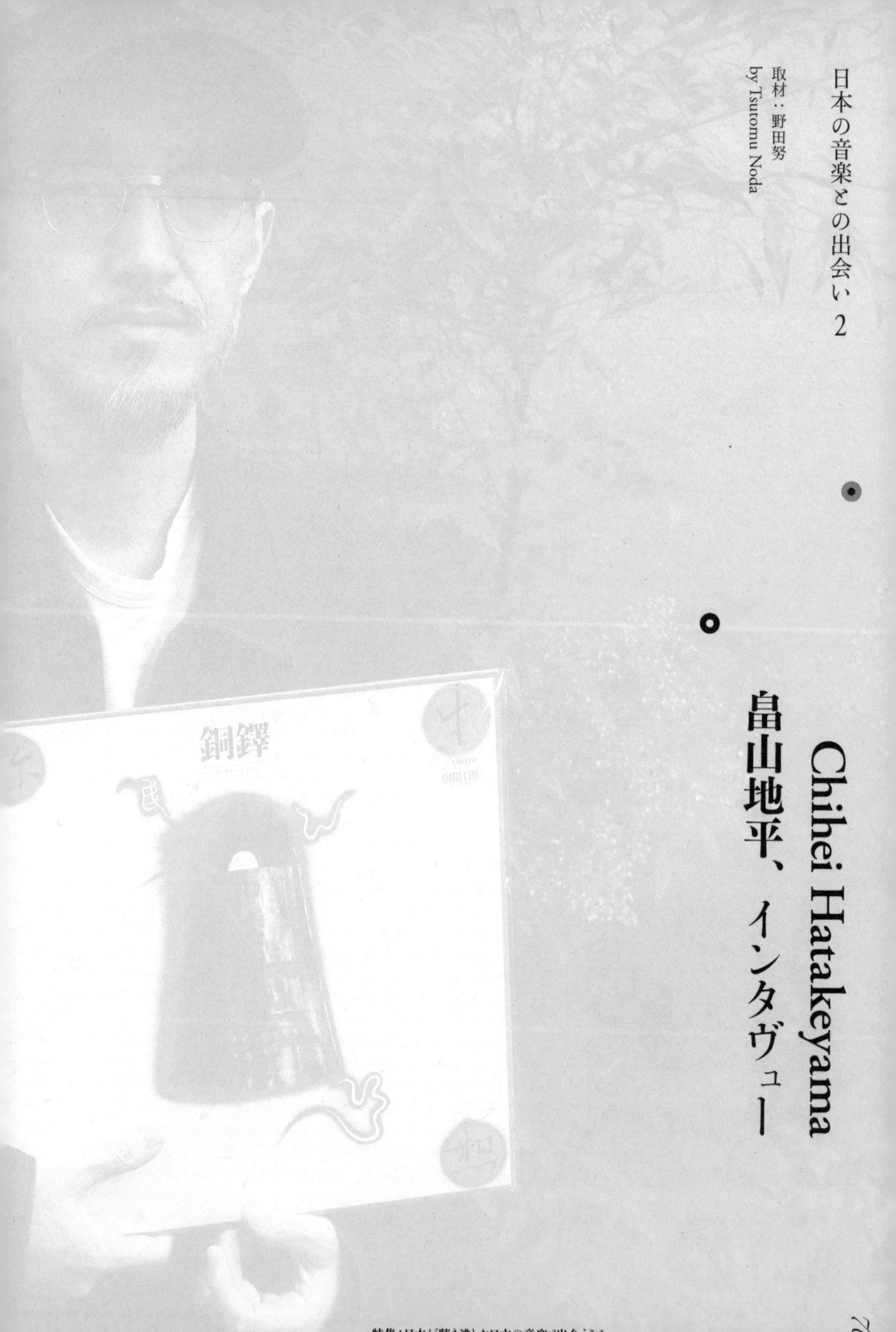

洗練されてしまったアンビエントよりも土取利行のほうが良い

畠山地平の作品はアンビエント、もしくはドローンに分類されることが多いが、しかしながらその音響は、心地よいサウンドのふわふわのクッションではない。ときに雷鳴に近く、ときには悪夢を貫く弓矢のように鋭い。多作の彼だが、去る5月にリリースされたばかりの、人気ジャズ・ドラマーの石若駿との共作第一弾『Magnificent Little Dudes Vol.1』によって、いままでにないダイナミックスなサウンドを表現している。そんな彼の和モノとの出会いについては、以下の通りとなる。

——最初に意識して聴いた邦楽って何ですか？

畠山　最初はね、オフコースにピンときちゃって（笑）。

——ごめん、どこがいいんでしょう（笑）？

畠山　中学2年生ぐらいで、たぶん世間ではB'zとかが流行ってたような、そういう世代だったんですけど。かなりハマっちゃいましたね。愛聴盤もありますね、中古レコードで。

——たまに聴きたくなったりするんですか？

畠山　たまにレコードで聴いたりします（笑）。

——オフコースの次に好きになったのってなんだったんですか？

畠山　うーん、オフコースだけですね（笑）。あれだけがピンときたんですよ。

——（笑）

畠山　バンドをやりたくて、当時流行っていたブルー・ハーツとかBOØWYとか、ただバンドをやるために聴いていましたね。ただ、高校時代には、ほぼ海外の音楽にばかり目が行って。で、大学からなんとなくフィッシュマンズとかを聴くようになったんです。この流れで、Young Brian's Group というバンドを知って。90年代後半に活動していたロック・バンド、最初はステレオラブみたいな感じだったんですけど、ライヴに行ったときにはボアダムスとフィッシュマンズとマイ・ブラッディ・ヴァレンタインとビーチ・ボーイズがごった煮になって未消化のまま出てきたジャム・バンドみたいな感じで、すごい不思議な音だったんですよ（笑）。

――サウンドをまったく想像できない（笑）。

畠山　そうですよね（笑）。ああいうボアダムス的なグワーっていうのもあったかと思えば、女性コーラスふたりと男性ヴォーカルのコーラスもあるという。アンビエント的要素っていうこととはまたちょっと違うかもしれないんだけど。ライヴは毎回見に行ってました。

――Young Brian's Group の音源は、いまは聴けるんですか？

畠山　絶版ですけどアルバム（『Micron Macron Vibes』）も1枚あって、『SF // Spiritual Fantasy // Psychedelic & Chill Out Music』（1999）と

最初はね、オフコースにピンときちゃって（笑）。中学2年生ぐらいで、たぶん世間ではB'zとかが流行ってたような、そういう世代だったんですけど。かなりハマっちゃいましたね。

Various
SF // Spiritual Fantasy // Psychedelic & Chill Out Music
1999

いうコンピレーション・アルバムにも収録されています。

——Sugar Plantも参加していますね。

畠山　そう、このコンピレーションが良いんですよ。Sugar Plantも入っていて。あとはthe Primroseも良い。Young Brian's Groupのライヴに行っていたときに、こういうコンピレーションが出るからって教えてもらって。で、渋谷のO-nestだったかな、レコ発みたいなライヴもあったんですよ。

——Sugar Plantみたいな、インディ・ロックからアンビエント的な方向へといく感じがあると？

畠山　当時の空気感がいっぱい詰まっているんですけど、これはいまでも推薦できる。

——たしかに、畠山くんの世界に通じるものは感じます。畠山くん個人の作品というよりも、畠山くんが自分のレーベル〈White Paddy Mountain〉のほうで表現している感覚とはとくにリンクしている。アンビエントとドリーム・ポップのグラデーションというか。

畠山　ギターなんだけど、ちょっとアンビエントっぽいアプローチをどのバンドもしていたんですよ。だから、いままで意識してなかったんですけど、ギターでアンビエントできるぞって最初に自分が思ったとき、ファースト・アルバムに繋がるギターの表現方法という点では、ちょっと参考にしていかもしれない。

——なるほどわかりました、じゃあ次いきましょう。

畠山　土取利行さんの『銅鐸 弥生幻想』。

——素晴らしいですね。

畠山　ええ。土取利行さんのこのシリーズで、銅鐸以外、笛とかいろいろ、縄文土器をたたくやつがあるんですけど、やっぱりこの銅鐸がもっとも僕の琴線に触れた。銅鐸の見た目に心惹かれるものがあって、見てるだけでドキドキするっていうか。で、この作品には、土取さんのパーカッショニストっていうかドラマーとしての感性が随所に出ていて、本当にいいなと思います。僕の「古代史好き」趣味も入っているのかもしれない。一時期自分の音楽を作るのにイメージが足りないっていうときに、古代史を読むと急に音楽が作りたくなるっていうことが

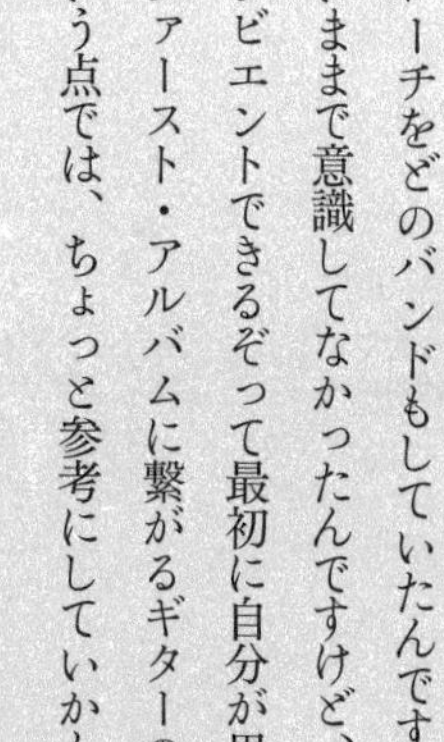

土取利行
銅鐸 弥生幻想
1983

あったんです。

——この音楽の良さとは何でしょうか？

畠山　聴いているとアンビエントとも違う。やっぱりこう、最近のアンビエントやエクスペリメンタルって、ちょっと紋切り型が多くなっているように思うんです。土取さんはもっと、なんていうか……

——もっと広いし、発想が自由です。

畠山　そうです。いま聴くことによって、また新たな気づきがあります。言葉で言うのは難しいんですけど、洗練されてしまったアンビエントよりも、なんか、こう……体に染み渡ってくるっていうか。

——なるほど。では、続いて紹介いただけるのは？

畠山　広瀬豊さんの『Nostalgia』。

——どこがいいのでしょうか？

畠山　僕がいいなと思うのはこの音の近さ。僕の音楽と比較しちゃうとあれなんですけど、僕の音楽は、もっと向こうの方にあるイメージなんです。遠くの景色を見てる感じ。広瀬さんの作品は近いものを見ている感覚。

——近いものを見ている感じ？

畠山　近くてちょっと僕には絶対できないな、と。ほかに、僕が好きなのは、阿部薫ですかね。

——作品で言うと？

畠山　『winter 1972』。

——なるほど。

畠山　あとは、日本産シューゲイザー、Pasteboardというバンドの『Glitter』っていうアルバム。

——これはどういうバンドですか？

畠山　SUPERCARみたいだと紹介されていますが、このバンドは最近知ったんです。このアルバムは2006年に発売された作品なんだけど、知ったのは2020年くらいだったかな、Spotifyでアルバムをかけてると、終わったあとに勝手にいろいろ再生しだすじゃないですか。で、そのときにふと流れてきて知ったバンドで、おーいいじゃんってなって、そこからアルバムを全部聴いてみたらシンプルでいいなと思って。去年海外から、レコードで未発表曲も追加されてデラックス盤として再発されましたね。

——一部のコアな人たちに口コミでどんどん広がっ

広瀬豊
Nostalghia
2022

前回のアメリカ・ツアーのときも、2年前のときも、知り合ったアメリカ人に日本の音楽で好きなのは？　とか訊くと、だいたいほぼ灰野敬二さんかMerzbowさんで。とにかく灰野さんがアメリカで人気なのは身に染みてわかるというか

ていったみたいな感じなんだ？

畠山　いや、再発のタイミングを考えるに、みんなSpotifyで気づいたんじゃないですかね。たぶん活動もそんなにしてなかったのかな、これ一枚しかないんですよね。和モノシューゲイズなんだけど、スマパン風味というか、アメリカのオルタナも好きなんだろうなと。ギターの音もセンスが良くて、演奏もシンプルで、ベースが主張しないところも良いかな。

――じゃあ、最後に紹介するのは？

畠山　Ai Asoさんですね。ファーストが好きです。

――この人の作品は〈White Paddy Mountain〉から出ても不自然に思わない。この人も海外にファンがいますよね。

畠山　そうみたいですね、やっぱり。〈モダーン・ミュージック〉に自分のCDを置いて欲しいと思って、お店を訪ねて、生悦住さんと雑談したときに教えてもらいましたね。

――日本のあの時代の、石原洋さん周辺のサイケデリック・ロックは、海外に根強いファンがいますね。

畠山　前回のアメリカ・ツアーのときも、2年前のときも、知り合ったアメリカ人に日本の音楽で好き

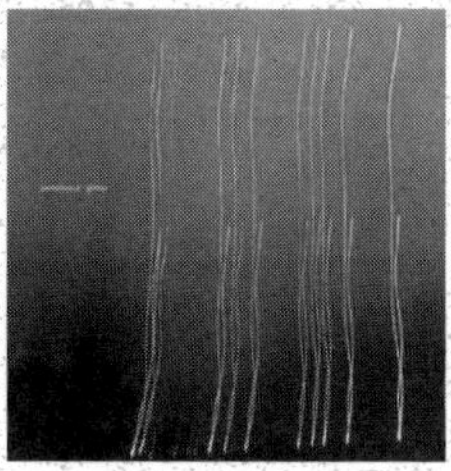

Pasteboard
Glitter
2005

なのは？　とか訊くと、だいたいほぼ灰野敬二さんかMerzbowさんで。とにかく灰野さんがアメリカで人気なのは身に染みてわかるというか。

――それは、畠山くんのリスナー層と重なっているってことですよね。

畠山　そうなんですよね。灰野さんやMerzbowを聴くリスナーがそのままアンビエントも同時に聴いているみたいな。日本では、ノイズ・ミュージックを聴く人とアンビエントを聴く人って分かれている気はしなくもないですけど。

――畠山くんはさ、そういう意味で言うと逆にアンビエントと捉えられてないのかもしれないね。どっちかっていうとエクスペリメンタル側に捉えられてるっていうか。

畠山　そういうことなのかもしれないですよね。僕はMerzbowのライヴにもけっこう行ったんです。ただ、CDを家で聴くっていうのはあんまりなかった。やっぱりMerzbowは爆音で聴きたいし、家だと住宅事情的に。家で爆音で聴いていたら、父親がびっくりして「これなんなんだ！」ってなったこともあった（笑）。

Chihei Hatakeyama & Shun Ishiwaka
Magnificent Little Dudes Vol.1
GEARBOX RECORDS
ジャズ・ドラマーの石若駿とのコラボレーション作の第一弾。
Hatis Noitをフィーチャーした"M4"が素晴らしい。

文：イアン・マーティン
by Ian F. Martin
訳：江口理恵
translated by Rie Eguchi

column 03

日本独特のアンダーグラウンドにおける、コンピレーション・アルバムが語るもの

時は2006年。私は高円寺パル商店街から少し入った所の旧〈20000V〉というライヴハウスにいる。壁に染み込んだムッとするような煙草の煙の臭いのなか、入場料を支払いドリンク・チケットとフライヤーの束を受け取って入口のドアを押し開ける。複写機でコピーされ、色あせてボロボロになったポスターが遺跡のように何層にも貼り重ねられた壁のがさついた質感。メイン・ホールへの角を曲がるまで、耳にはさほど聴こえていない音が腸を直撃してくる。フロアでは、Elevationという名のバンドが耳障りなギターとヴォーカルの金切り声を響かせて16人ほどの観客を前に、靄のかかったような暗がりのなかで左右に揺れながら演奏している。

今は2024年。あのライヴの日に生まれた子供がいたとしたら、そろそろ高校を卒業する頃だ。長い時を経てプルースト的な空間と感覚の回想を呼び起こすのは、『Electrical Diskaholic Soundtrack』という名のほとんど知られていない古いコンピレーション・アルバムで、この種のアンダーグラウンドのコンピが呼び覚ます体験には、とりわけ鮮烈なものがある。

一般的にコンピレーションといって多くの人が直感的に思い浮かべるのは、『No New York』や『Pillows & Prayers』のような、その時代やシーンが過ぎ去った後でも想像力をかきたてる名作として知られ、頻繁に再発されるようなタイトルだろう。私は『No

column 03

New York』がリリースされたのと同じ1978年生まれだが、これで私の行ったことのない場所や経験したことのない時間を想像することを可能にしてくれる、宇宙的な心象を呼び出すことができる。だとしたら、2006年生まれの18歳の若者の場合はどうだろう。『Electrical Diskaholic Soundtrack』のようなアルバムから、同じような場所と時間の感覚を得ることはできるだろうか？ なんだかんだ言っても1970年代のニューヨークはポップ・カルチャーのなかでいまだに生き続けている上に、ノー・ウェイヴ・シーンの影響は誰も覚えていない2000年代初期の東京の一握りのバンドよりも、はるかに深く広く大衆の意識に埋め込まれているのだ。

そのような豊かな生態系からなるイコノグラフィーの視点という助けがなければ、日本のアンダーグラウンド・コンピレーション・アルバムは、異世界や別の時間軸に足を踏み入れることに等しい。それでも、これらもすべて、特定の場所や時間のスナップショットであることにかわりなく、映画や回顧的なドキュメンタリー、正典を形成するような文脈的な批評などがほとんどない分、カオスのなかの瞬間の記憶をより強力に配線しなおすことができるのかもしれない。

スナップ写真が、撮影された場所や写真家の視点を明らかにするように、コンピレーションもまた、キュレーターやアーティスト、そして聴衆の視点について多くを教えてくれるし、それを生み出した社会的絆の地図をも示してくれる。Elevationの曲のみを聴いただけでは『Electrical Diskaholic Soundtrack』を聴いたときの経験とは別のものになっていただろう。Habit、ウサギスパイラルアー、そして当時の有望株だったNhhmbaseらの曲と一緒に聴くことに意味があったのだ。それは、単純でわかりやすいジャンルの区分には当てはまらないアーティストたちを集めたもので、互いになんらかの繋がりや志を同じくする仲間が、ひとりかふたりの善意のブッキング・マネージャーに支えられて一緒に作り上げているものの道標を作りたかったということだろう。

そういった意味では、これはメインストリームの外側にあるという点においては間違いなく〝アウトサイダーの音楽〟でありながら、究極の意味では彼らが作り上げた極小のバブルのなかだけで意味をなす〝インサイダーの音楽〟なのだ。私が2001年に始めて日本に移り住んで来たとき、インディ・コンピレーションと名のつくあらゆるものを購入し、自分の許容範囲を探ろうと試みた。個人同士の友情、大学時代のバンド・サークルのコネクションや、必死なライヴ会場のブッキング・マネージャーによって集められた音楽は混沌としていて、ほとんどが酷いもので、最初の入口としては役に立たなかった。私に必要だったのは、ライヴ会場で私の前を回転寿司のベルト・コンベアのように周回するバンドの数々を実際に観て、〈Micro Music〉の『Shit Associated Music Vol.1』や、〈Labsick〉の『Ryusenkei Crocodile Hour』、Clover Recordsの『Pop Jingu』シリーズ、あるいは〈Jerk Off〉レーベルの『Shinju』などを生み出したリアルな繋がりを知ることだった。少なくとも私に可能だったできる限りの方法で、その内側に入り込む必要があったのだ。

だが、何の内側に？ これらのアルバムは通常、シーン、レーベル、ライヴ会場、ときには特定のイベントや都市、そしてごくたまに（驚くほど稀にだが）ジャンルを中心に構成されている。私が長年かけて収集してきた数十の日本のアンダーグラウンド・コンピレーションのなかで、もっともシームレスなリスニングが可能で最高だと思ったのは、上記のすべての要素を組み合わせた、〈Knew Noise Recordings〉からの２０１２年のアルバム『Ripple』〔＊さざ波、波紋の意味〕だった。これは名古屋という都市をテーマにしており、とくにいまは倒産してなくなってしまったミュージック・バー／ライヴ・スペースがタイトルの由来となっている。その上、Nicifit、Zymotics、6eyesにSika Sikaのようなポスト・パンクから影響を受けた（しばしば互いに関連のある）ミュージシャンやバンドが中心となっている。さらにこのレーベルと、その本拠地のレコード・ショップ、〈File-Under Records〉の強い意思表示も可能にしている。〈File-Under Records〉は、これらのバンドやファンが消費し、再評価してきた多くの海外の音楽の、この街への入口としての機能を今でも果たしているのだ。「Ripple」は、ライヴ会場、シーン、レーベルにレコード店、そして醜く、薄汚くてみすぼらしい工業的な栄光を背負う街のサウンドそのものだった。

日本のアンダーグラウンド・ミュージックが自己完結型で異質であるという考え方は、東京のバンド、Loolowningen & The Far East Idiotsがキュレーションを行った『Mitoh

column 03

GET DRUNK MORE FUCK
10T.dublewEs
PROVOKE
STYLE
BAND
Little Rio
FEVER OF SHIZUO
SOUND OF DARKNESS
Headache Sounds SAMPLER CD volume FIVE
THIS IS POP!
pop japanese style
pop jingu volume 2
a japanese pop compilation
pop jingu volume 3
a japanese pop compilation
0202
MICRO MUSIC

os』というオンライン・コンピレーション・シリーズの部分的な説明としては妥当だろう。オンラインのみで販売されている、キュレーター自身が〝ガラパゴス化されたサウンド〟と呼ぶこのシリーズは、すでにVol.5まであり、『Ripple』と〈File-Under Records〉が日本の薄暗いバーという超ローカルな環境に海外のサウンドが入り込み再構築されるための漏斗のような役割を部分的に果たしているのに対し、『Mitohos』とそのアメリカに拠点を置くレーベル〈Deaf Touch〉は、日本独特のアンダーグラウンド・サウンドと海外のリスナーの架け橋として、バブルのなかからそれらを解き放つという野心的な目標を掲げているのだ。

自分を魅了するこのシーン自体が新しく足を踏み入れるのを難しくしている要因そのものだというのはどこか逆説的ではあるのだが、だからこそ私のCD棚やハードディスクドライヴを埋め続けるこれらのアルバムは、Spotifyのプレイリストなどでは到底見ることのできない夢であることにその魅力の核心がある。日本のアンダーグラウンド・コンピレーションというものは、暗い小部屋に次々と邪悪なサウンドを繰り出す十数組のバンドと一緒に閉じ込められるような感覚である。それは、その瞬間ごとに行われるキュレーションの行為であり、木々の深い茂みのなかにいながら森を見ようとする、不可能な試みでもある。通常それらの音楽のクオリティは、よくてばらつきがある程度だが、いずれにしても忘れ去られた棚に散乱する、もはや聴くことのできない朽ち果てたCD－Rに残されたアーティストの断片なのだ。長持ちするように作られた記録ではあるものの、その性質上、すぐに古臭くなってしまう。それはごく少数のリスナーの頭のなかに錨を下ろして留まろうと奮闘する記憶だが、それでもそれを聴くことは、いまという時の混沌のなかに身を浸すことなのだ。

Aubeの『Cardiac Strain』は過酷な日々のなかで私の心を癒す北極星だった

column 04

文：緊那羅：デジ・ラ
by Kinara: Desi La
訳：野田努
translated by Tsutomu Noda

写真提供：東瀬戸悟

夜明けに地球とともに目覚め、夜の続きのなかでまどろむときほど錬金術的なことはない。空は稲妻でひび割れるのか、それとも湿気が私の肌に汗を降らせるのか。青空が私を喜びで鼓舞させるのか、それとも風が砂嵐を巻き起こして私の目を曇らせるのか。一日のなかでこれほど多くの変動要因があるにもかかわらず、自然の要素による我々の世界の統治は単純だ。私たちは大地（土）を耕し、すべての生き物に水と栄養を与える。水（水）で生きとし生けるものに栄養を与え、空中（空）を移動し、金属（金）で道具を作り、木（木）で暖をとる。私たちはもっとも貴重な共生関係である地球の恐怖や恩寵に基づいて、自らの生活を決定する。

　何千年にもわたる日本の伝統や信仰は、こうした自然の教えを中心に大きく展開されてきた。日本社会がこれほどまでに欧米化した現在においても、それはある。仏教では、土、水、火、風、空によって結ばれた「五大」という教えがある。風水の自然の摂理には、木、火、金、土、水がある。それぞれの教義は同じ大地に根を張っているものの、異なる色の花を咲かせる。それぞれ教

義の一部は一致しているが、その他の要素は独自の観点を持っている。ノイズ・ミュージシャンの中嶋昭文（なかじま・あきふみ）、またの名をAube（オーブ）。彼は、これらの信条に親近感を覚えたかもしれないし、そうでないかもしれない。しかし、おそらく、彼が意図した明確さは、彼の一連のリリースの背後にある意図に比べれば二次的なものだ。風水と五大のエレメントに関する深い叡智は、宇宙と関わるための構成要素として考えられているが、音については一切考慮されていない。私はAubeを新しい砂上の楼閣と考えたい。

各リリースのソース素材に名前を付けることが彼の表現の中心であったことはよく知られている。すべてのカセットやCDは、ひとつの音源にのみ捧げられており、その多くは自然に発見された元素的なソノリティであった。まるで魔術師のように、Aubeは水、金属、電気など、元となる各要素の力を見抜き、それらを千倍に増幅させ、人間の相互作用の美、人間の解釈、そして不協和音の自然な混沌とした錬金術を30～40分にわたって螺旋状に展開させた。その結果、しばしばノイズや雑音が生じた。しかし、こうした完璧なノイズは意図されたものだったのだろうか？

1959年に京都で生まれた中島は、1980年代にアンダーグラウンド・ミュージックが大爆発し、国際的な〝ノイズ〟シーンが誕生した頃、20代だった。音楽制作に挑戦した彼は、まず水をモチーフにした作品を制作した。その好奇心はさらに旺盛になり、オシレーターや強烈なノイズを生み出すグローランプなど、彼はさまざまな実験に取り組んだ。しかし、もっとも興味深く魅惑的な作品は、他のノイズ・ミュージックが譲歩した巨大な

column 04

テクスチャーを持つ、あまり本格的でないレコーディングであることが多い。Aubeは希代の水使いで、彼の音に対するミダスタッチは、よく知られた『Spindrift』（92）や個人的に好きな『Flood-Gate』（93）で体験できる。どちらも驚くほどメロディアスでありながら、潮騒のような水の不協和音の重い牽引力の下に耳を押し込める。

　この時代、日本のノイズ・シーンは欧米でますます知られるようになり、90年代後半にはMTVというメインストリームにも登場するようになった。オルタナティヴな若者向けのレコード・ショップでは、Merzbow、Aube、K.K.Null、Masonnaといったアーティストたちの日本のノイズ作品のコーナーが店頭に設けられ、アウト・ミュージックへのニーズの高まりをアピールしていた。

　1997年、Merzbow『Akasha Gulva』や灰野敬二『So, Black is Myself』といった象徴的なリリースで有名なレーベル〈Alien8 Recordings〉から『Cardiac Strain』はリリースされた。名盤と呼ぶべきノイズ録音があるとすれば、それは本作『Cardiac Strain』だろう。人間の心臓の鼓動を操作することによって生み出されたユニークなサウンドは、脈打つような激しさと、人間のもっとも中心的な筋肉の絶え間ない自然な鼓動とが融合し、ハードコアとノイズのコミュニティと親和性のあるソノリティを現出させている。個人的には、『Cardiac Strain』は大学時代の私のバイブルであり、過酷な日々のなかで自分の心を癒し、音楽人生で達成したいことの北極星だった。

　他のほとんどのアーティストとは異なり、Aubeは自身のレーベル〈G.R.O.S.S.〉を運営し、すべての作品をまず独自にデザ

インしたカセットテープでリリースした。それらのいくつかの作品は、その後、海外のレーベルからCDで再リリースされることもあった。いずれも限定枚数で、欧米での入手は困難だった。これが、ワールド・ワイド・ウェブが誕生した頃の話であることを忘れてはならない。オンライン情報はまだ存在していなかった。商品は、地元のレコード・ショップか、もしくはダイレクトメールでしか入手できなかった。２０００年代になるとノイズ・シーンへのスポットライトが大きく落ち込んだが、２０１３年に54歳の若さでこの世を去るまで、Aubeが〈G.R.O.S.S.〉からのリリースを止めることはなかった。

「ノイズ」というジャンル名が彼のキャリアを貫いたにもかかわらず、Aubeは自分の仕事を音楽というよりむしろデザインだと考えていた。工業デザイナーとしての彼の職業は、我々の日常生活におけるデザインでありながら、ノイズ・シーンにとっては珍しい存在だったが、彼の作品の意図、伝達、感情といったコンセプトを表現することに大きく貢献している。Aubeはノイズ・フィールドで他のミュージシャンたちとコラボレートしていたが、最終的にはデザイナーであった。サウンドのデザイナーであり、パッケージのデザイナーであり（あるカセットテープのリリースは、青い水の入った袋に入れられたと伝えられている）、タイポグラフィーを制作するデザイナーだった（すべてのリリースのフォントが同じか似ていることにお気づきだろうか）。Aubeは、ミュージアムやアカデミック・シーンで「サウンド・アーティスト」という言葉がキャッチーに使われるようになる以前の時代のアーティストなのだ。そして残念なことに、彼はこうした理由によって正しく評価されることはない。リリースのたびに特異な作

Aube
Cardiac Strain
Alien8 Recordings
1997

column 04

品を作り出そうとしたであろう彼の意図は、オリジナル盤がほとんど公開されていない、あるいは現存していないため、時間の経過とともに忘れ去られようとしている。しかも、わずか30年前にリリースされたノイズ・ミュージックは、３００年前に制作されたアートとは異なり、ノイズというレッテルそのものがアート／デザイン社会への転売価値をほとんど持たない。もし発見されたとしても、ロック専門店の奥で、他の値下げされたノイズ盤と一緒に埃っぽいゴミ箱にしまわれていることだろう。本来であれば、これらの作品の多くは、ギャラリーや美術館に展示されるべきなのだが。

　サブカルチャーは、それまで何もなかった場所に新たな空間とグループのサポートを生み出すという点で、神聖なものだ。しかし、放っておけば牢獄にもなる。このマルチハイフン文化においては、もはやどんなタイプのクリエイターであれ、ひとつのものとしてのみ知られる理由はない。それは幻滅させるし、アーティストのヴィジョンに対して不公平だ。音とテーマで特別にデザインされたカセット・パッケージのデザイナーであり、自然界の特異な音源に依存した集中的な瞑想を生み出すサウンド・アーティストであり、新しい音を再構築するたびに創造性が進化する定義不可能なクリエイターであるAubeは、デザイナーとしてより良いエピローグのように感じられる。

　だからこそ、私たちは彼への敬意をもって、記憶にとどめようじゃないか。

87

若き日のジム・オルークと一緒に

ジャズ・ピアニスト、菊地雅章の知られざるアンビエント作品群
——共演者・菊地雅晃が語るその「情感」

column 05

文：原雅明
by Masaaki Hara

ジャズ・ピアニストの菊地雅章は、１９８６年から１９８９年頃にかけてシンセサイザーをメインとした録音を集中的におこなっている。その音源から、「六大」というシリーズで、『地』、『水』、『火』、『風』、『空』、『識』の６タイトルが１９８８年に、『Aurora』が１９８９年に、それぞれＣＤアルバムとしてリリースとなった。また「六大」は、映像付きのレーザーディスク作品『六大：地水火風空識』としても１９９１年にリリースされた。これらの内、現在、音源として聴くことができるのはリイシューされた『Aurora』のみである。

過去、菊地雅章に一度だけインタヴューをする機会があった。１９９７年のことだ。70年代からニューヨークを活動拠点としていた菊地が、Toshiyuki GotoらＤＪと『Raw Material #1』をリリースしたタイミングだった。ダンス・トラック制作の話をきっかけに、時系列も無視して思い出したエピソードを次々と話してもらう、そんなインタヴューだった。手を怪我してピアノを弾けない時期があり、その間にシンセサイザーを買ったこと。以前からカールハインツ・シュトックハウゼンやヤニス・クセナキスらのエレクトロニック・ミュージックに惹かれ、ブライアン・イーノのアンビエントにも夢中になったこと。そして、エレクトリック・ジャズのアルバム『Susuto』（１９８１年）と『One-Way Traveller』（１９８２年）を制

菊地雅章
Aurora
Rhizome Sketch (1989)

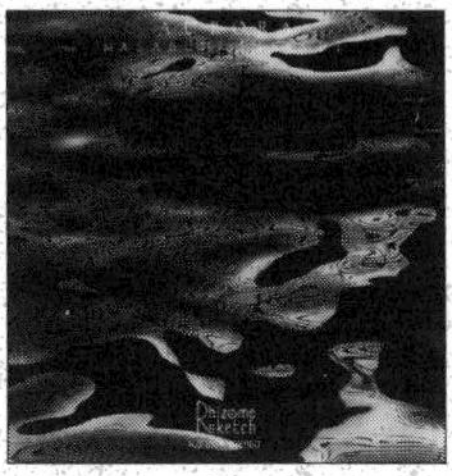

89

作するに至ったこと等々。

97年のインタヴュー当時、菊地はポール・モチアン、ゲーリー・ピーコックとのテザード・ムーン、菊地雅晃、吉田達也とのザ・スラッシュ・トリオという、ふたつのトリオを率いていた。モチアンの精緻なジャズ・ドラムと吉田のパワフルなドラムの違いに表れているように、このふたつのトリオはまったく対照的だったが、菊地の持つ両義性を象徴しており、ただ、少し耳障りな音も残す独特のピアノのタッチだけは共通していた。「10年以上ピアノを弾けなかった」とインタヴューで語っていたブランクが、おそらく70年代末から90年代初頭まで続いたと思われる。そして、その時期にシンセサイザーを使ったエレクトリック・ジャズとエレクトロニック・ミュージックへのアプローチが積極的になされた。

日本の環境音楽やアンビエントを振り返るときに、菊地が残した作品を無視することはできない。ベーシストの菊地雅晃は、叔父である菊地のことを昔から知り、80年代にはニューヨークの菊地のもとを訪れ、実際に様々なシンセサイザーが置かれたスタジオを見て、音源もリアルタイムで聴いている。菊地雅章のアンビエント～エレクトロニック・ミュージックとは何だったのか、菊地雅晃に改めて話を訊いた。

「俺がニューヨークに行ったのが19歳の頃で、１９８７年だと思うんですよ。自宅のスタジオに機材がたくさんあった。そこで『Aurora』を聴かせてもらった。どうやったのか訊くまでもなく説明してくれて、弾いたソロをエンジニアに音を拾わせてクオンタイズして無機的にした、というようなことを言ってましたね」

「プーさん（菊地雅章の愛称）が住んでいたロフトは、結構広かったけど、機材がもう所狭しと置いてあった。ケースに入っていたから全部は分からないけど、(Korgの）MS-20とMS-50を発見して、俺が無限ノイズ生成パッチングとか試していたら、呆れて、お前にそれやるよって。それ以来、ずっと使ってます」

97年のインタヴューでは、所有した機材としてYamaha DX7、MemoryMoog、MiniMoog、Oberheim OB-8、Matrix 12、RSF Kobol Expander、Roland SYS

column 05

TEM-100などの名前が挙がった。しかも、DX7は6台もあるなど、複数台所有の機材もかなりあった。

「六大の『地』、レゲエやってたやつは途中の展開で音色が変わるんだけど、音色切り替えボタンを押し忘れたらしく、音色変えるの忘れたって慌てて変えてる感じがする。でも、それも音楽のプロセスのひとつで、リアルな時間感覚を表してると思う。忘れてたのもじつは確信犯かもしれない。綺麗にまとまった80点主義に対するアンチテーゼに感じられるんですよ」

菊地は、78年頃にマイルス・デイヴィスのレコーディング・セッションに参加している。マイルスが公には活動を休止していた時期だが、非公式なセッションはおこなっていた。過去のインタヴューや菊地雅晃の話から、このセッション後に手を怪我して、ピアノの代わりにシンセサイザーを使った演奏にシフトしていったと推察される。

「セロニアス・モンクの影響とかもあったと思うし、指の怪我もあったのかもしれないけど、プーさんはミスタッチがすごく多いんですよ。たとえば、ドミソって弾いたときに、ドの下にあるシをちょっとミスタッチっぽく押さえる。人間味のあるミスなんですよ。そんな細かい間違いなんかどうでもいいんだと。あるいは、ピアノ音楽に対して、非常に情感、叙情というものを大切にしていた。テクニカルにミスなくやる人がジャズ・ピアニストに多いと思うけど、そうじゃなくてもいい、テクニックに走りすぎるとピアノ音楽の自滅になる、みたいなことはずっと感じてたんでしょうね」

「六大」シリーズは単にアンビエントと括ることができない作品である。同時代のアンビエント・ハウスのようなチルアウト・ミュージックとしての側面も一部にはあるが、レゲエ、ダブの影響下にあるトラックもあれば、テクノと言っていいキックが聞こえるトラックもある。パーカッシヴな要素のあるサウンドスケープ、インダストリアルな展開、グリッチ前夜の90年代の音響を彷彿させるトラックもある。現代音楽としてのエレクトロニック・ミュージックや、『Susuto』と『One-

Way Traveller』のエレクトリック・ジャズの断片が見え隠れもする。そして、『Aurora』は「六大」をより抽象化して洗練したような音源である。

「キーボード（やピアノ）っていうのは1オクターヴに12個の音しかなくて、12個の音に収斂していかざるをえなく、可能性が限定されるっていう考えがプーさんにはあって、だからキーボードは逆に難しいって言ってました。非常に情感を気にしていた人だから、その意識はずっとあったと思います」

97年のインタヴューでも、エレクトロニック・ミュージックに情感を持ち込もうとして苦労したことを菊地は語っていた。定型のフォームにはめ込むだけでは満足できない何かが、つねに彼の表現の中にはあったようだ。一方で、枠をすべて外したフリー・インプロヴィゼーションには向かわず、ギリギリのところでバランスを保つこともしていたと感じられる。

「普通のパワーフリーはやりたくなかったっていうこともあるだろうし、僕と似てる感覚があったという前提で話をすると、世の音楽シーンに迎合しきれない、天邪鬼っていうこともあって、人と同じものは作りたくない、違ったものを打ち出していきたいっていうのもあった。そして、情感。要するにエロさですよね。真面目な話、音楽にゾクゾクっとするような身体感覚を非常に求めてた。おそらく、そういうものも加味してアンビエントをやったらああいう風になったと思うんです」

エレクトリック・ジャズとエレクトロニック・ミュージック、そしてAll Night, All Right Off White Boogie Bandやビル・ラズウェルとの『Dreamachine』も経て、菊地はアコースティック・ジャズに戻った。『After Hours』（1994年）や『Love Song』（1995年）などソロ・ピアノのリリースもおこなった。2000年半ば以降は自宅のスタインウェイのグランドピアノで、ソロ・ピアノの即興演奏の録音を続けた。それらは、〈ECM〉でのソロ・ピアノ作『Black Orpheus』（2016年）や遺作となった『Hanamichi』（2021年）へと繋がっている。

「俺がプーさんのピアノでいちばん好きなのは『Kikuchi/Street/Morgan/Osgood』。ツーベースとピアノとドラムで非常に現代音楽的だった。プーさんは自分の

菊地雅晃スターマイン
波紋
CERBERA (2023)

column 05

こと、オーケストラ・ピアノだって言ってた。つまり、ピアノは単純な楽器ではないってことですね」

『Kikuchi/Street/Morgan/Osgood』（2015年）はベン・ストリートとトーマス・モーガンのベース、クレステン・オズグッドのドラムの編成だった。無調というわけではないが、調性は型にはまっておらず、リズムや音色もユニークだ。菊地の本質がよく表れているといえるが、「六大」にあったものが形を変えて表現されているようでもある。

「やっぱり現代音楽の影響は相当あるのを感じますね。六大にしても、何にしても、毒がある。安心して聴いてらんない。こっちに不思議な顔をさせたいんですよ」

菊地雅章を敬愛するピアニストのイーサン・アイヴァーソンは、90年代初頭にライヴを初めて見たときは、菊地が影響を受けてきたポール・ブレイのピアノそのものだと感じた。しかし、次に見たときにはまったく違う、聴いたことがない演奏になっていたと述べている。その後、菊地が〈ECM〉からのデビューとなる『Sunrise』（2012年）をリリースした際には「雅章は完全にオリジナルになった」とコメントを寄せた。また、自宅でのソロ・ピアノの録音に関して、菊地本人は『ニューヨーク・タイムズ』のインタヴューで「まったく前衛的ではない」、「ただ浮いているだけ、浮遊するサウンドとハーモニー」と述べていた。それは、「六大」シリーズと『Aurora』について述べているかのようでもある。

菊地雅章のオリジナリティとは何だろう。それはこれから、新たな世代によっても発見されていくことになるだろう。菊地が残したアンビエント〜エレクトロニック・ミュージックはその不可欠なピースとして存在している。

菊地雅晃 Kikuchi Masaaki

1968年東京生まれ。幼少の頃よりピアノ・ギター等を始め、小学生時代はクラシック・ジャズ・ロック・歌謡曲などを聴くようになり、中学の頃より本格的にロックやジャズなども始める。10代より作曲も始め、80年代後半には芸大作曲科を目指すが、同時期にクラブシーンに触れ、下北沢ナイトクラブなどを始めとして様々なクラブに通うようになる。同時期にウッドベースを始め井野信義に師事、その後渡米しゲイリー・ピーコックに師事。帰国後プロのジャズベーシスト、ギタリストとして活動を開始、同時期1996年に電子音楽、トリップホップ、ウッドベースをモジュラーシンセで変調した「変調コントラバス」のCDを3枚同時発売。その後、内外の様々なジャンルのメジャー・マイナーなミュージシャンとのコラボレーションやライヴ、レコーディング、テクノやJ-popのトラックメイカーとして活動する。その間に自己名義の多ジャンルのCD、音源も様々に発表。近年は日本の現代音楽スペシャリスト集団「アンサンブルノマド」から現代音楽作品の委嘱なども受ける。その他、2023年には「サイケデリックAORシティポップジャズロッククロスオーバーフュージョンプログレアシッドダブ」のコンセプトで制作したCD『スター☆マイン/波紋』を発表。宇川直宏氏に「2023年の自分的ベストアルバム」と絶賛される。このアルバムではシティ・ポップの嚆矢とも言える矢沢永吉の「時間よ止まれ」もカバーしており、その題名にインスパイアされた音楽的変容を実践し、アンビエントな一曲となっている。ジャズ、現代音楽、即興音楽、ノイズ、環境音、ダブ、サイケロックその他、和モノ洋物シティ・ポップ、フュージョン、AOR、アンビエントなども1980年代からディグると同時に制作し、しかもそれらは相互に音楽性が絡み合い、周囲からは「早すぎてその上ジャンルが広すぎ、アレンジなども普通のやり方を行わないので周囲の理解を得づらい」と言われてきたが、近年、理解者は増えつつある。音楽制作においては「普通の曲でも2割程度『変』な部分を取り入れる」ようにしている。

豊かだから音楽が栄えたのではなく、豊かさの予感として音楽が鳴っていた
——80年代日本再訪、YMOからディップ・イン・ザ・プールまで

column 06

文：三田格
by Itaru W. Mita

「80年安保はなかった」というイクスキューズとともに80年代が始まった……ような気がしている。いわゆる「若者に政治性がない」という認識はその後も繰り返し様々なスタイルや形式で刻印され、当時の若者だった僕はそうした「言われ方」によってむしろ政治性がなくても大丈夫だと感じた気もするし、一方で、スターリンやタコといったアンダーグラウンドが多少とも政治性をチラつかせる姿勢に「いけないもの見たさ」を満たされていたともいえる。また、政治性がないことをアピールする表現としてよく耳にしたのが「キラキラ」や「ラブラブ」といったフレーズで、オフコースやYMO周辺と隣接する空気はこの一言で話を終わりにすることができた。YMOが人類学や哲学との架け橋になり、空想的かつ観念的な議論が好まれたことはそれはそれで画期的なことだったと思うけれど、同時に現実の政治や経済とは距離を取り、ラジオなどでそういった話題が出たときはYMOの放つ雰囲気があまりにシニカルだったことも印象的だった。YMOのみならず、ゲルニカやRCサクセションなどを取り巻いていた言説は文化至上主義ともいえる気運であり、70年代に支配的だった「ロック＝不良文化」という図式からス

パッと脱却できたことはかなりの可能性の広がりを意味した。忌野清志郎と坂本龍一の〝い・け・な・いルージュマジック〟は実質的にはグラム・ロックを輸入したものだったと思うけれど、あれがそこまで気持ち悪いと評判になったのはやはり不良文化とは異質なアウトサイダーとして認識されたことが大きい。しかもあれだけヴィジュアルに凝っていながら「他人（ひと）の目を気にして生きるなんて　くだらない事さ」という歌詞は出来すぎだし、さらに「ぼくは道端で　泣いてる子供」と続く展開はナゾでしかなかった。

現在の若者はZ世代としか呼称されないようだけれど、80年代の若者はヘンタイよいこ、新人類、オリーブ少女、スキゾキッズ、アッシーくん、おたく、ハナコ世代……と様々な呼び方をされ、勝手に自分探しをされているというのか、「日常＝個」の肥大にともなってアイデンティティや自意識が強く自覚される時期でもあった。こうした「日常＝個」のサウンドトラックとしてプロモーションされていた吉村弘がまったく正反対の感性を有していたことはさすがに不幸なことだったし、また、そのような文化は円高で経済がバブル化してから盛り上がったのではなく、むしろ不況の果てに文化が爛熟し、プラザ合意を経て実際に円高が加速すると、文化は逆に軽薄になり、主体性を回避して流行に流される人々を評価したサザンとユーミンだけが残ったとしか思えない（中島みゆきは見事に消えてしまった）。豊かだから音楽が栄えたのではなく、豊かさの予感として音楽が鳴っていたのである。そう、幸か不幸か音楽はまだ日本経済にとって金のなる木ではなかったし、利用されるにしても規模は大きくなかった。いずれにしろYMOがつくり出したような知的環境は円高以降、衰退の一途を辿っていき、そのような退廃や「おいしい生活」（©糸井重里）に代表される記号論的な消費生活に疲れた傾向は「心の時代」などと呼ばれ、オウム真理教の呼び水になっていく（オウム真理教の宣伝材料には主に尾崎豊が使われていた）。「心の時代」というキャッチフレーズは80年代が物質的な時代だと規定されていたことに対するあからさまな反動であり、70年代や90年代の基調をなしていた自然体に対して80年代は不自然で人工的なものが好まれるディケイドでもあった。ジューシーフルーツやPモデルを皮切りに一般の人々の行動も演劇的と言われ、犯罪も劇場型になり、そのような解離的とも取れる感覚は「ほとんどビョーキ」（©山本晋也）という流行語に集約されている。カトゥラ・トゥラーナやローザ・ルクセンブルグはそれこそ綱渡りのようなパフォーマンスを成立させていたと思うけれど、不自然であろうとするだけでなく、この時期はエアロビクスやジョギングといった海外の健康ブームに反発してか、日本では不健康であることもセールス・ポイントみたいになり、観念的な議論が好まれたことと通じるように青春や一所懸命がバカにされ、汗をかくことも価値を失ったためスポーツ全般がとにかく不人気となっていく。そして、大学のサークル活動がテニス同好会だらけとなってセックスを目的とする隠れ蓑のような存在になり、「心の時代」に惹かれない人たちは男女交際の文化を複雑怪奇なものに変えていく（大沢誉志幸やオメガ・トライブなどシティ・ポップが生活感を消し去る道具として機能し、それこそ映画に描かれるライフスタイルは最新トレンドのプレゼンテーションでしかなくなった）。マハラジャやジュリアナ東京といったクラブ・カルチャーも見た目ほど踊ることが第一義ではなく、いってみれば心と体に引き裂かれたバブル時代が奇妙な着地点を見出したようなもので、「キラキラ」や「ラブラブ」が大音量で「心の時代」へ向かう道筋を塞いでいたのだろう。いまから思えば身近な例の多くが見せてくれたことは急な豊かさを扱う技量が日本人にはまだなく、加速度をつけて経済が文化をダメにしていく光景でしかなかった。このときのダイナミズムを音楽

column 06

に当てはめると豊かさを示すものとしてフリッパーズ・ギターやピチカート5があり、その感覚を素直に喜べなかったのがブルーハーツやバンド・ブームから出たブランキー・ジェット・シティということになるだろうか（後者は80年代にほとんど息絶えていた不良文化を蘇らせたものでもあった）。清水靖晃や高田みどりといった音楽的才能が埋もれてしまったのは、だから、仕方がないことだったのかもしれない。細野晴臣でさえ80年代後半はＹＭＯ後遺症と称して想像以上に苦しみ続け、その表現は自意識の迷宮に入り込んでいく。それは作家性にシンクロしていくような聴き方が必要とされるものだったし、バブル経済の時期に大衆が求めたものは長渕剛のようなノスタルジーか、演歌のリヴァイヴァルで、バブルの上で踊るどころか、バブルによって失われたものを回復することに人々の関心は吸い寄せられていたわけだし（円高で良かったことといえば、日本のミュージシャンにとって海外録音が普通のこととなり、音質の向上に欲が出てきたことぐらい？）。

最後に音楽メディアが現在と比べると貧弱で、数も少なく、情報がほとんどなかったことも付け加えたい。現在でも同じかもしれないけれど、日本のラジオはまったくの役立たずで、レコード店での試聴もないに等しく、個人的にはジャケ買いが9割を占めていた。レコード店で気にならなければ終わりで、とくに外すことが多かった日本のミュージシャンは信用が薄くなりがち、だんだんと手が出なくなっていった。むしろ泯&クリナメンやディップ・イン・ザ・プールに辿り着いた自分を褒めてあげたいくらいです。

01

Various
Huddle No Trouble = くっついて安心
Balcony Records (1984)

ニューエスト・モデルやじゃがたらのリリースで知られる〈Balcony Records〉から少年ナイフ、サボテン、D-Day、コクシネルの4組を収録したコンピレーション。水玉消防団やパパイヤ・パラノイアのような攻撃性はなく、ゼルダの可愛い妹たちという感じ（レーベル主宰の守屋正いわく「ガールズ・バンド第2世代の台頭」)。エリック・サティのバンド解釈だというサボテンがとくに気ままで楽しく、D-Dayやコクシネルはメジャーに擬態した作風。オープニングでレゲエを聞かせる少年ナイフは『Burning Farm』から〝象のパオパオ〟などをリミックス。プロデュースはチャクラの板倉文で、デザインは故・八木康夫。

02

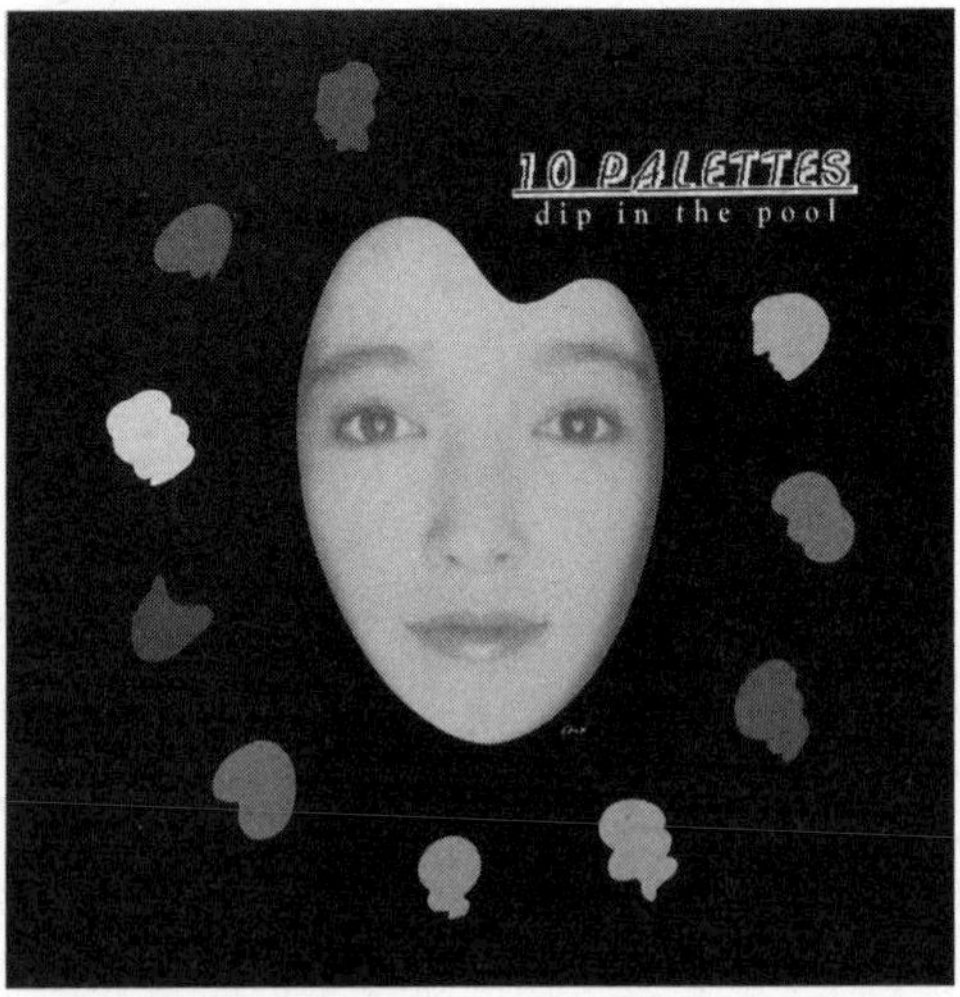

Dip In The Pool
10 Palettes
Moon Records (1988)

シティ・ポップが最後の理想とした〈Le Disque Du Crepuscule〉の黄昏モードに直球のアンサーを返したファッション・モデルの甲田益也子とキーボードの木村達司による2作目。フレンチ・ポップスやポルカをサンプリング音源で組み立てたり、オペラ風の歌唱法などアプローチはかなり多様で、これを1枚にまとめた佐久間正英のプロデュースも見事。レゲエ色も豊かで、キラキラな〝Miracle Play On Christmas Day〟はCMに起用され、〝It's So Different Here〟はレイチェル・スウィートを重苦しくカヴァー。アメリカに背を向けた美意識はロック色のない椎名林檎とも。

The Mask of The Imperial Family
Untitled
Mimic Records (1981)

03

バナナリアンズの杉林恭雄（後にヤプーズの中原信雄らとくじらを結成）によるインダストリアル・ミニマル・ミュージック。TGやキャバレー・ヴォルテールを意識したのか、ソリッドな音使いではあるものの、ファニーなニュアンスや優しい響きが豊富に聞き取れ、ジョン・ハッセルの影響も効果的。タイトルは天皇制を暗示。14年に〈円盤〉がシングルを加えた編集盤を、17年にアメリカはそのまま、オランダでは構成を変えて再発。

千野秀一
Yuku Efu Mei
Boogie Woogie (1981)

04

不良で売っていたダウンタウン・ブギウギ・バンドに途中から加入したキーボード奏者によるソロ作。メンバー全員が一斉にソロ・アルバムをつくるという企画で、1人だけインテリ臭を漂わせる異質な内容に。村上ポンタ秀一のドラムをメカニカルに処理し、抑制されたフュージョン・ファンクに仕上げた。立花ハジメ『H』に先駆けてフェイクの妙味を活かし、上品に前衛気質を弄んだ1枚。生活向上委員会から梅津和時がサックスで参加。

ハネムーンズ
笑う神話
筋肉美女レコード (1982)

05

ガール・パンクの草分け、水玉消防団からカムラと天鼓（後に渡英してスティーヴ・ベレスフォードとのフランク・チキンズ）によるワン・オフ。2人のヴォイス・パフォーマンスをメインにノー・ウェイヴ風のクールな演奏が加えられている。アカデミックな発想が強く、暗黒舞踏のイメージがつきまとうも、Phewの影響なのか、全体はストリート・モードに仕立てられている。竹田賢一と共同プロデュース。ジャケット撮影は荒木経惟。

村川ジミー
Original De-Motion Picture
B&M (1982)

06

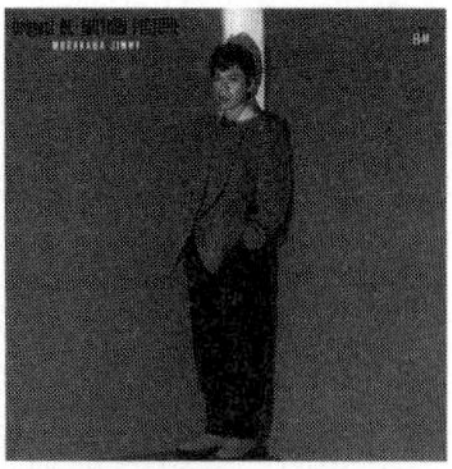

細野晴臣から上々颱風へ受け継がれた異国情緒の流れを汲む『うたかたの日々』(83) が00年代に注目を集めたマライアのヴォーカルによるソロ作。ロックンロールな出で立ちだけれど、全編シンセサイザーで無機質に徹し、シンパシー・ナーヴァスと土屋昌巳の中間を行く。性急なアレンジはザ・パッセージを彷彿。全体にYMOやプラスチックスの影響はあるも、独自の完成度を誇っている。清水靖晃と共同プロデュース。22年に日本でCD再発。

Various
The South Pacific Islands
Columbia (1983)

07

ムクワジュ・アンサブルによるコラボレーション集。デザインに騙されてしまうけれど、全編に波の音や森の音などフィールド録音がアレンジされ、高田みどりのインプロヴィゼーションはさすがのテンション。オルケスタ・デル・ソルの橋田正人とはテンポの速いレゲエを、ジーン・グレイの父・ダラー・ブランドとはアフロ・ジャズ、ムクワジュ単体の組曲を挟んで橋田に向井滋春を加えたエンディングはスローなレゲエからタイトなファンクへ。

Apogee & Perigee
超時空コロダスタン旅行記
Yen Records (1984)

08

三宅裕司と戸川純が声を担当したニッカウヰスキーのCMキャラを軸に細野晴臣がアルバム・サイズに膨らませた架空のサウンドトラック盤。地球は超管理社会となり、6階級に分かれているというディストピアの設定ながら音楽は夢と希望にあふれている（笑）。細野晴臣×戸川純のオープニングから越美晴や上野耕路などゲストも多彩。テストパターンによるエンディング〝Hope〟が素晴らしく、何度聴いたことか。06年に日本でCD再発。

濱瀬元彦
Reminiscence
Shi Zen (1986)

09

演奏が上手過ぎてセッション相手がいなくなったジャズ・ベーシストが80年代に連発したソロ作の数々はいま聴いてもモダンで繊細な響きに満ち、現代のグリーン-ハウスやサラマンダと並べても遜色はない。クラシカルな要素も強く、適度に保たれた緊張感が不安や期待を煽り、ゲーム音楽好きにもアピール。『回想』と題された1作目で、32年後に自ら再レコーディングも。『KANKYO ONGAKU』にはなぜか収録されず。

After Dinner
Paradise of Replica
RecRec Music (1989)

10

現在はドローンをバックに不可思議なヴォーカルを聴かせるHACOが80年代後半に始めたアヴァン・ポップの2作目。前作を特徴づけたヘンリー・カウ調のシュールなアート・ロックから発展して独創的なスタイルに発展し、Phewや戸川純など80年代の基調をなしていた演劇的で不自然な感性の総仕上げをおこなった。欧米ではテープ・ループを駆使したミュジーク・コンクレートとキャバレー・ソングの出会いなどと評される。

第二特集：

「和モノ」グレート・ディギング

以下、近年ディガー文化における人気ジャンルとなった「和モノ」の現在をレポートする。こうした発掘作業は、もとはヒップホップ文化における歴史の授業でもあったが、こんにちでは、リアルタイムでは評価のなかった音楽作品の救出作業となって、音楽文化においては重要な役目をしている。掘り続けること、それは、もはやアナログ盤に特化したものではない。discogsにカタログ化されていない音楽作品はまだまだあるのだ。ではまずはCD全盛時代にリリースされたアンビエント／ニューエイジ作品のグレート・ディギングから。

CD時代のニューエイジ・ディスクガイド30
——掘り起こされる90年代日本の「これからの名作」

2010年代中盤以降を席巻した世界的なムーヴメント「ニューエイジ・ミュージック・リヴァイヴァル」。ララージやマシューデイヴィッドといった現行ニューエイジを先導した人々の言葉を借りれば、「モダン・ニューエイジ」や「ニュー・ニューエイジ」といった、時代や社会、聴取環境の変化、テクノロジーの進歩と共に可能となった新たなテクスチャーを軸に、旧来の「ニューエイジ」像から離れた新時代的なリスニングを模索する動きである。

この運動が熱を帯びるにつれ、リヴァイヴァルに呼応した新世代の作家や発掘レーベルも多数登場。数多くの知られざる作品群がアナログ・レコードという、サブスク以降の次世代の聴衆のフラットな音楽視点にフィットしたフォーマットにて大々的に再発されただけでなく、米国の自主盤ニューエイジを特集した『I Am the Center: Private Issue New Age Music in America, 1950-1990』（2013）や、日本のニューエイジ／アンビエントにフォーカスした『Kankyō Ongaku: Japanese Ambient, Environmental & New Age Music 1980-1990』（2019）といった数々の名高い編集盤も送り出されている。

文：門脇綱生
by Tsunaki Kadowaki

グラミー賞にノミネートされた『Kankyō Ongaku』の登場と、翌年の吉村弘『Green』再発をピークにムーヴメントの熱量も頂点に達するが、翌21年、リヴァイヴァルは新たな展開を迎える。それこそが「CD Age」の到来であり、21年年明けに〈Music From Memory〉からアナウンスされた『Heisei No Oto Japanese Left-Field Pop From The CD Age, 1989-1996』という、新たな扉の先に広がる景色だ。

共に大阪の名レコード店の店主〈Rare Groove Osaka〉の佐藤憲男、〈Revelation Time〉の谷口英司というふたりによってコンパイルされ、平成初期の日本のアンビエント&ポップスをレフトフィールドな感性で紐解いた画期的編集盤だ。細野がプロデュースしたアンビエント・ポップ・ユニット、Love, Peace & Trance、ダンス批評家、音楽家の桜井圭介の声明アンビエント・ハウス「はらい」といった、90年代の平成日本の未知なる「CD」世界へと踏み込んだ一枚である。

共にニューエイジ・リヴァイヴァルの方向性を決定づけた名ブログ〈FOND/SOUND〉で紹介された存在でもあるが、本作ではドリーム・ドルフィンやポイズン・ガール・フレンドといった90年代にCDフォーマットでオブスキュアな作品を残していた知られざる歌姫たち（偶然にも共に〝NORIKO〟）も取り上げられた。近年、このふたりのNORIKOの作品は、トリップホップやレイヴ・テクノなどを通過したJポップの特異点としてニッチな高い評価を得ている。（前者は2023年に初となる海外ベスト盤が組まれ、後者は私がDisk Unionで運営する〈Sad Disco〉レーベルよりアナログ再発を担当させて頂いた）。

その後も21年6月にジャパニーズ・テクノ・レーベル〈Transonic Records〉の全盛期を紐解いた『Transonic Records From 1994 To 1995』が発売されるなど、CD Ageのリヴァイヴァルがいよいよ本格化。

一昔前まで、中古屋の片隅で放置され、忘れ去られ、無視され、見落とされ、眠っていた「これからの名作」が掘り起こされている。いまやSNSを開けば、天狗アイコンの100円CDディガーの狂った投稿がTLを席巻して久しい時代だ。

本稿では、『Heisei No Oto』以降に本格化した「CD Age」の日本のニューエイジのリヴァイヴァルを押さえる上で重要な作品と今後重要度を増すであろう作品を取り上げる。

そこで鍵となる本邦のレーベルを幾つか列挙したい。青山通り、表参道の複合文化施設〈スパイラル〉が1988年に設立した、近年再評価著しい〈Newsic〉。細野晴臣やDream Dolphin、World Standardといった面々によるアンビエント／ヒーリング作品から小室哲哉のチルアウト作品(DJ Krushのリミックス盤も!)といった一際スピリチュアルな作品が数多く残されているユーキャン資本の〈FOA Records〉。「パルスの魔術師」ことヘンリー川原の作品群や宇宙の音などの数々の奇怪な企画盤でも知られる波音宏祐主宰の〈Green Energy〉。武田崇元が代表を務める、日本の〝精神世界〟を代表する総合系出版社〈八幡書店〉(音楽レーベルとしては、先述のヘンリー川原や小久保隆などが特異な作品を残すほか、イルカ表象を世界に広めた迷科学者ジョン・C・リリーの音声のリミックス盤や、古代書物『チベット死者の書』の朗読+ダーク・アンビエント作品といったカルト的な作品群も出版)。そして、電子音楽の名手・竹村延和が1998年から2007年にかけて運営していた箱庭&牧歌的エレクトロニカ／音響系の聖地〈Childisc〉に、〈Childisc〉と双璧をなす存在ともいえる虹釜太郎主宰の〈365°Records〉など、IDM／エレクトロニカ以降の「2000年代」以降も射程に入れつつ、30枚のミニガイドと共にCD Ageの深淵部に迫る。

浦田恵司

01

Final Frontier = 世界の果て

Who Ring / AGF Series (1989)

アラゴンや芸能山城組、ザ・シートベルツ、菅野よう子作品への参加や『AKIRA』のサウンド・アーキテクトまで、一時期は参加していない作品を見つけることが困難とさえ言われたシンセサイザー・プログラマー日本代表が『AKIRA』劇伴の翌年に発表した2篇の組曲からなる初ソロ作。巨匠ジョン・ハッセルの第四世界アンビエントへの深いオマージュと、遠いバレアリスへの憧憬が好対照をなす空想的ミニマル・アンビエント美盤。

久米大作&セラ

02

9ピクチャー・カーズ マルコ・ポーロの耳

Electric Bird (1990)

まさに洒脱と洗練の代名詞といえる一作。日本のフュージョンの名手として言わずと知れた鍵盤奏者／作編曲家による同名義での唯一作。盟友・仙波清彦に、斎藤ネコ、バカボン鈴木、駒沢裕城、矢口博康、南佳孝という80年代の邦楽シーンを代表する面々が結集。メルヘンチックな幼少期の遊戯への回想と遥かな水平線への眼差しが、晴れやかな午後の空気へと溶けていく様を音で表したようなアンビエント・フュージョンの変わり種。

上原和夫

03

コスモスI(上原和夫作品集)

AIR Records Inc. (1990)

大阪芸術大学教授にして、日本の電子音響／コンピューター音楽の先駆者が、自身のプロデュースした吉村弘『Green』の版元&自身主宰の〈AIR Records Inc.〉に残した作品集。沢井一恵も1曲参加。1984年から90年の楽曲から構成される本作には、ソ連やブラジル、米国などでのライヴ音源が収録。その後に展開していたヒーリング作品群とは一線を画す極めて実験的な作風。深い内省と祈りに彩られた、瞑想的で深遠な宇宙音楽である。

本多信介

04

晩夏

Alpha Enterprise (1991)

鈴木慶一らとムーンライダーズの前身的存在＝はちみつぱいを結成したギタリストであり、『イルカ・ドリーミング』や『トスカーナ ラベンダー畑の黄昏』など数作のヒーリング作品も残す国産ニューエイジの隠れた巨匠が、前作『サイレンス（夕映え）』から実に8年ぶりに手掛けた作品。彼岸へと連なる晩夏の静けさと夏の余韻を叙景する、愁いを帯びたアンビエント・ギターの調べは、この本多信介という偉才の固有のものだろう。

鈴木良雄

05

アローン・イン・ザ・パシフィック

Electric Bird (1991)

ジャズ・ベーシストとしてのみならず、『モーニング・ピクチャー』や『タッチ・オブ・レイン』といった国産アンビエント名盤でも名高い〝チン〟さんこと鈴木良雄。堀江謙一のドキュメント・ビデオの劇伴として、90年代にもニューエイジ的審美眼に合致する作品がある。大海原に独りぽつりと取り残された淡い望郷の念が、広大な水平線の青を満たしながら広がること。涼しげながらも何処か寂しさの滲む哀愁のアンビエント・ジャズ。

Group Of Gods
06

Group Of Gods
Down 2 Earth Recordings (1992)

近年のバレアリック以降の地平へと進出したウォーターメロングループの姿？中西俊夫＆工藤昌之というウォーターメロンのふたりと田村玄一（リトル・テンポ）、森俊二（ナチュラル・カラミティ）という、国産チルアウト／ダウンテンポ・ミュージックの名手が集結。桃源郷の至福と南洋の晴れやかな陽気、夏の終わりの淡い影を捉えたエキゾ・アンビエント作品として幻想的かつ耽美でありつつ、よくリラックスした内容の一枚だ。

井ノ浦英雄
07

イラマイノウラ
A-Z-A Records (1992)

元・夕焼け楽団、サンディー＆サンセッツのドラマーとして知られる人物による初のソロ作。川口の自宅とジャカルタのスタジオで録音され、ご当地の民族音楽の一流演奏家も多数参加。久保田麻琴譲りの和〜東洋の妖しげな幻景とフォークロアに、インドネシアのガムラン／トランス音楽の異能と崇高を織り込んだ、イナたくも歌心溢れる和レアリック傑作。より緩やかな時間軸を漂う、もうひとつの清水靖晃『案山子』の姿がここにある。

菅野由弘
08

音空間 水の風景
Misawa Home (1993)

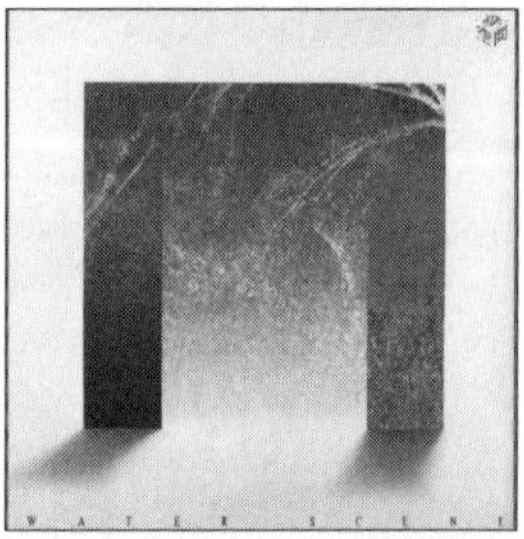

押井守のカルトOVA作品『天使のたまご』のサントラ盤も手掛けたことも知られる現代音楽作曲家の菅野由弘。吉村弘や広瀬豊も在籍した〈ミサワホーム〉のレーベル部門にサウンドスケープの逸品を残している。水の光景、それも遠景として無限に続くような水の幻景。古代日本から脈々と鳴り響く雅楽とアンビエントが高い美意識を持って調和することが、永い時間、実際の録音時間より遠大な現在／未来／過去へ私たちの意識を遊離させる。

宝達奈巳
09

Making Sense Jewel = たからたち
Green Energy (1993)

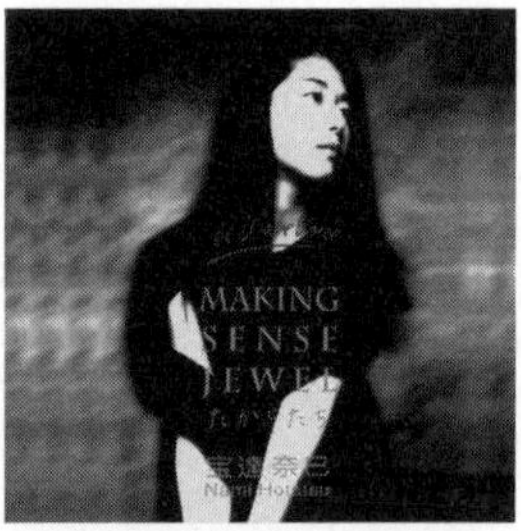

パルスの魔術師ことヘンリー川原作品にも参加。細野晴臣をして「彼女の声にはシャーマンが住んでいる」と言わしめた女性SSWのデビュー・アルバム。エスニック・テイストの強い桃源郷的チルアウト／アンビエント・テクノ・サウンドを主軸とした一枚。高内容でありつつ、スピリチュアルへの強い傾倒に人を選ぶ作品ではあるのだが、合成音声異常音楽のオーパーツとして一際特異な〝朝 光 雨 夢〟でふと我に返る瞬間もあるという。

大工哲弘
10

ウチナージンタ
Off Note (1994)

日本の古き歌の心〈オフノート〉の第一弾作品。大工苗子、大熊亘、中尾勘二、関島岳郎、石川浩司ら豪華面々に祝福されつつ、梅津和時プロデュースのもとで、八重山民謡の歌い手が歌い上げた、明治、大正時代などの古い流行歌。歌の裸形は成立するのか。文化的コンテクスト、美的感覚、個人史などが絡まる歌における裸形とは非装飾の力学だろうか。この音盤はまさしくその用法としての裸形の、沖縄に花開いた歌の水脈である。

11

旬

ランドスケープス

Diw Syun (1994)

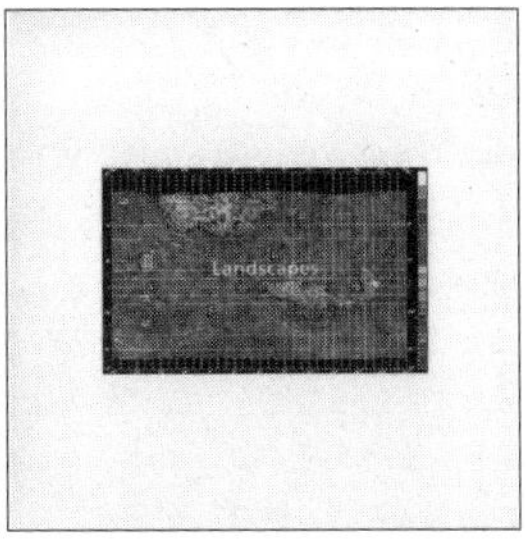

ザ・バッハ・リヴォリューションの神尾明朗も参加している、84年に東京で始動した平沢進の電子音楽プロジェクト＝旬による1枚目のアルバム。コンピューター上のフラクタル図形データを音に置き換えるという実にコンセプチュアルで喚起性の高い作品である。力強い、光と水脈の自己言及としてのエキゾチカ。現在のモダン・アンビエントに通じる音響の強度の力学と、国産アンビエントの美点と言える光の陰影の美意識が溶けている。

12

Akio / Okihide

Scratches

Sublime Records (1995)

ジャパニーズ・テクノ重鎮タンツムジークの2名が組んだ国産アンビエント・テクノの到達点的1枚。コンパイラーはケン・イシイという点も見逃せない。福岡の〈Syzygy Records〉のボス、稲岡健も1曲参加。クラブ・マナーの、現在ではCFCFが実践するようなスムースなビートとアンビエンスの実験として、極めて時代に先駆した内容となっている。アンビエンスとして微睡む瞬間も、エイフェックス・ツインのように半覚醒を漂う瞬間も備えた名盤。

13

高橋鮎生

Private Tapes 1985-1995

P.S.F. Records (1995)

霊性アンビエント『Carmina』やプロト・ドリームポップ『Nova Carmina』も名高い高橋悠治の息子・高橋鮎生が、日本の地下音楽の聖地〈P.S.F.〉に残した、同レーベルの数少ないニューエイジ盤のひとつだ。瞑想も微睡みも白昼夢も超えて、〝私〟が立ち上がる場所で奏でられた幻想のサイケデリア／アンビエンス。賛美歌とはまた違う、美しい歌とギターの安寧は、まさしく国産サイケデリックが追い求めた意識における高い達成である。

14

Organic Cloud

Organic Cloud

Fax +49-69/450464 (1995)

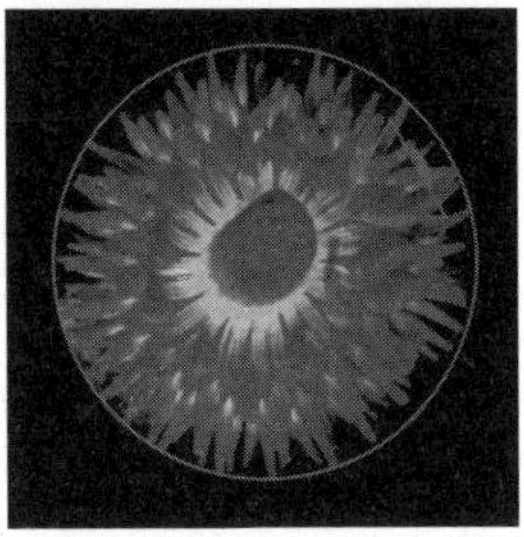

アンビエント／テクノ伝説的名門〈Fax +49-69/450464〉主宰ピート・ナムルックの盟友であり、無数のユニット参加で知られるテツ・イノウエ変名。ダブ・テクノ全盛期と時を同じくして、闇夜と光明のあいだを縫うリズムと響きの実験／実践が発表されていた。現在のGASにも通じるような、固有の地場を持つ瞑想的で向こう側を視てしまった者のクラブ・ミュージック。Ambiant Otakuの唯一作と並ぶ、同氏のニューエイジ作品の代表格。

15

ヘンリー川原

Dolphin Flow

八幡書店 (1995)

〈八幡書店〉や〈グリーンエナジー〉から無数の作品を発表。「都市生活者の胎内回帰」を掲げたリラクゼーション空間を展開しながら、サウンドドラッグや第四世界、テクノまでを横断したパルスの魔術師による最高傑作。オーセンティックな、クラシックの古典的作品のような完成度のピアノから始まり、強靭なニューエイジ・アンビエントを経由し、自然と人工の楽園の交錯で幕を閉じる、深海系アンビエントの最も高度な結晶である。

Magical Power Mako 16
Cosmo Vision
Kero Jetter Records / 八幡書店 (1995)

『ジャップ・ロック・サンプラー』でもデビュー作が紹介、16歳の若さでNHKのドキュメンタリーなどの音楽を担当。武満徹に見出されたサイケデリック・レジェンドによる、95年の新宿パークタワーでのライヴ録音。ある意味でジェチント・シェルシのように空間を脱構築する、モチーフ≒音響の点描的配置と引き伸ばされたアンビエンスによる一代音響絵巻。全体としての構成も見事だが、繊細に構築された個々のフレーズの美しさも光る。

小川美潮、上野洋子、赤城忠治 17
Teo - もうひとつの地球 -
Polystar (1996)

近田春夫とのアルバムも知られる音楽家、赤城忠治がサウンドデザインを手掛けた、小川美潮＆上野洋子参加の知られざるゲーム・サントラ作品。奥田イラがアート・ダイレクションを担当。トランス・ミュージックとは違う、〝もうひとつの陶酔と忘我の音楽〟である。小川美潮の美しい声がヴォーカル楽曲ではアンセミックに響き、他の楽曲でも様々な声が重要なモチーフとして扱われている。ある意味で、人間の深層を描いている。

松崎裕子 18
Paradise
World Entertainment (1996)

海棲哺乳類を中心として、写真集や書籍などを手がける写真家、ジャーナリストの水口博也の写真＆文と、海外活動やCM、ファッション・ショーへの楽曲提供も知られる松崎裕子の音楽によるコラボレーション作品。自然を残酷な神とする者もいれば、人間不在の赦しとする者も居る。ここに鳴り響いているのは全ての調和のメタファーとしてのニューエイジ・ミュージックであり、その母体としての海／波である。光り輝く夢想の郷である。

アンビエント・ハワイ 19
Ambient Hawai'i
Sushi Records (1997)

久保田真琴によるエレクトロニクスや水の音、山内雄喜のハワイ楽器群、サンディーのヴォーカルといった至福の音楽と、カメラマンの平間至が手掛けたハワイの写真のコラボレーションからなるコンセプチュアルなアルバム。ハワイ、と名されていることは、この音盤の楽園的情景と深く紐づいている。微睡みながら溶けてゆく美しいアンビエンスに意匠として見事に取り込まれているのだ。土地と音盤の紐付きとして極めて優れている。

Pacific 231 20
Tropical Songs Gold
Transonic Records (1997)

蓮實重彦の息子であり、数々の映画やアニメ、CM音楽を手掛けた蓮実重臣と、永田一直のORGANIZATIONにも参加した三宅剛正からなる軽音楽ユニットであり、黒沢清監督映画『アカルイミライ』劇伴も担当したPacific 231による、穏やかで、だが深く潜り込む瞑想音楽。響きながら、ひとに隣接しながら遠くを展望するアンビエンス。転がるように響く遊戯的電子音、録音、採取された音響、深部を抉る澄んだ音響がひとつの楽園を描く。

21

深町純

Midnight Dive - Music From Inspiration -Water & Light - By Masahiro Kasai

J-one (1998)

日本のジャズ・フュージョン巨匠にして、数々の名作に参加したピアニスト、鍵盤奏者。邦楽ポピュラー音楽史を語る上で重要な存在であるだけでなく、近年はニューエイジ方面からも注目が集まる人物の隠れた傑作。ミニマル・ミュージック、印象派クラシック、アンビエント、ニューエイジが1998年の時点で極めて高い水準で統合されていた事を示す歴史的音盤でありつつ、音楽における快楽として、純度の高い愉しみを齎してくれる。

22

香山リカ

クロノスタルジア

Bandai Music (1998)

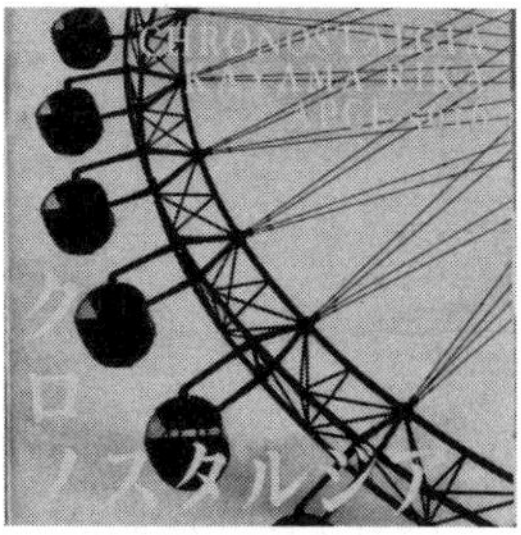

ライナーノーツはなんと鈴木慶一！　精神科医の香山リカが自身によるプロデュースのもと、弟で音楽家、歯科医の中塚圭、鍵盤奏者、作編曲家、プロデューサーの坂本昌之らと共に作り上げた、失われたアンビエントの傑作。美しく鮮やかなレイヴの後の、静かに流れる水のような鎮静。このように『クロノスタルジア』を評することができるだろう。作品終盤の、ポスト・クラシカル以降のアンビエンスとも言える優れた展開は必聴である。

23

Aki Tsuyuko

Ongakushitsu

Childisc (1999)

竹村延和プロデュースのもと、幼少期から習っていたエレクトーンの自作自演で作り上げたデビュー・アルバム。チャイルディッシュでありつつ捻くれた幻想を感じさせるジャケの通り、クリンペライを彷彿とさせる遊戯性に満ちたミニマル・アンビエント作品である。特異なのは子どもらしさと前衛性が高い水準で調和していることだろう。翌年にはジム・オルーク主宰の〈Drag City〉傘下レーベル〈Moikai〉より海外リリースが為された。

24

Ambient 7

Island

A.M.S. Records (2000)

『雲の向こう』や『Tokyo Dreaming』などの和物コンピにも名を連ねるサックス奏者の朝本千可、近藤等則やDJ Krushも手がけるレコーディング・エンジニア、プログラマーの池渕秀一、シンセサイザー奏者の百々政幸により95年に結成されたトリオの要注意作。アンセミックなテクノ、バレアリスの更新、ニューエイジの新しい解釈……それら美しい音楽は、ひとつの音盤として結晶する。現在のトランス・ミュージック復興を先取るような傑作。

25

マユリ

リンネ 輪音 I・II

IZERON STONE (2000)

サイキック・ヒーラーであり、クリスタル・セラピスト、〈Heavenly Crystal〉を運営し、20年にわたり、サイキックリーディングセッションに携わるマユリが、〈グリーンエナジー〉販売のもと〈IZERON STONE〉から発表した恐らく唯一のアルバム。エロティシズムと宗教性、覚醒した意識が微睡むこと。音のうねりが渦のように巻き、私達の意識の深層に音楽が浸透する、ニューエイジ・ミュージックにおけるひとつの普遍である。

26

Slowly Minute
Farmer's Cafe
Childisc (2001)

ワンマン・バンドLopopsでも活動。童心に溢れる無邪気なその音楽性が竹村延和の目に留まり同氏の〈Childisc〉から送り出されることとなった、札幌のファッション・デザイナーTakahiro Chibaによる電子音楽プロジェクトのデビュー作品。ゆっくりと微睡みながら溶ける時間、震えながら壊れる柔らかいもの、この音盤の時間は甘く鮮やかに進んでゆく。スターズ・オブ・ザ・リッドにも通じる、アナログ機材の美意識と遠い時間への憧れ。

27

イワン・ジョンソン
水の中に生まれた日 私はセラフィックな光を見た
Daiki Sound (2002)

生命の源たる「水」をテーマに創作を続ける嶋崎剛が変名で残したファースト・アルバムにして、美術家の宮島達男と中村博、舞踏家の土方巽と田中泯へと捧げられたパフォーマンス・ミュージック。セラフィック、つまり〝最高位の天使のような〟、という形容は間違いではない、と感じさせる天使の穏やかな側面（を想起させること）としての、微睡みのアンビエンス。時間が白く澄みわたる、柔らく時間が解けるような安息の音盤。

28

Dream Dolphin × 越智義朗
Earth Music Cafe
FOA Records (2002)

「おでかけアンビエント」を掲げ、異常系トランス・テクノから深海アンビエント、ヒーリング・トラックまで無数の作品を制作した音楽ユニット、ドリーム・ドルフィンと、三宅一生コレクションの作曲とパフォーマンスでも知られる越智義朗のコラボ・アルバム。夢と遠さがこの作品のひとつの鍵だろう。夢幻的に響く打楽器と管楽器、電子音の狂想は、鎮静と瞑想のあいだにある至福の感情を縫いながら、美の極点に向かって邁進してゆく。

29

虫ミュージック
月へ行くなら
Transonic Records (2002)

吉祥寺のスカムショップ「東風」店主、露骨キットによるエレクトロニカ・ユニット、虫ミュージックが、「一個体の突然変異が大増殖して無敵となったバッター族は、食料と安住の土地を月に求めた。」というテーマで作り上げた2枚目。月のように遠い所への夢。それが子どもっぽい、可愛らしいフィルターを介して眺められていること。まさにそのようにシンセサイザーが鳴り響き、地上の生の苦悩は緩やかに夢想の果てに溶けてゆく。

30

Various Artists
A Certain Aquarium
360° Records (2003)

Miroque『Botanical Sunset』がカナダのアート系出版社によりニューエイジ視点から掘り起こされるなど、昨今再評価の機運高まる虹釜太郎氏主宰レーベルが残した「未来の水族館」のイメージ・アルバム的作品。有機的な、極めて優しいミニマリズムである。そのような一貫性を持ってセレクトされた音盤は、過剰さを普遍化する現在のエクスペリメンタル・ミュージックに対するひとつの回答として、光り輝く水滴のように滴るだろう。

時を超える松崎裕子のニューエイジ音楽
——世界初CD化&LPでも再発されるレア盤『螺鈿の箱』の魅力について

文：デンシノオト
by Denshinooto

1985年に極小数（100枚ほど）プレスされた松崎裕子の『螺鈿の箱』（〈Pヴァイン〉より7月に世界初CD化／PCD-27080／LPは10月2日に再発）は、日本のアンビエント／オブスキュアな音楽を追いかけてきたリスナーにとってはまさに夢のようなアルバムである。和と洋、電子音とクラシカル、アンビエントとリズムなどなどさまざまな音楽的要素が華麗に、かつ美的に配置された日本庭園のような電子音楽なのだ。

世界的な日本環境音楽再発見の中、『螺鈿の箱』がマニア間で話題になりはじめると（2019年刊行の『和レアリック・ディスクガイド』に掲載されたことも記憶に新しい）、松崎がジャーマン・エレクトロニクスの巨匠レデリウス（元クラスター／ハルモニア）のツアー・メンバーであったことも伝わってきた。

どうやらレデリウスとの出会いは『螺鈿の箱』がきっかけだったという。85年当時、松崎は音楽の理解者を求めて『螺鈿の箱』をペンギン・カフェ・オーケストラのサイモン・ジェフスに送った。それがレデリウスへとつたわり、彼は録音中の『ピング・ブルー・アンド・アンバー』に松崎を招いた（諸事情からリリースされず96年にドイツ〈Prudence〉からリリースされた）。

松崎はその後、『ピング・ブルー・アンド・アンバー』のプロデューサーの紹介でミュージシャン・ユニオンに加入し、ヨーロッパでさまざまなグループのツアーに参加したり、スタジオ・ミュージシャンの仕事を続けた。87年に帰国した松﨑は大阪を拠点としつつ雅楽・琵琶のなどの邦楽を中心にコンサート活動をおこなう。92年以降は東京を活動拠点に多数のテレビドラマの音楽を手がけるなど多面的な活動も展開。アルバムは『ガラパゴスの風』(94)と『パラダイス』(96)をリリースした。

『螺鈿の箱』は松﨑の原点ともいえるアルバムである。LPでは2枚組で全16曲の大作だが、一曲一曲がメロディとリズムとハーモニーのミニアチュール/オブジェのような端正な作品でもある。

1曲目(A1)〝Air Magic〟では東洋的な旋律とリズム、西洋的な響きが交錯する曲だ。2曲目(A2)〝壺の中〟はシンセサイザーのアルペジオによる電子音楽。3曲目(A3)〝ラーダー〟はオリエンタルなムードの楽曲である。コロコロと転がるメロディと太鼓のようなリズムを展開する4曲目(A4)〝Objet 8〟や5曲目〝Objet 2〟(A5)は電子音楽の楽しさに満ちている。6曲目(B1)〝つづれ織り〟は舞踏曲のように軽やかな曲である。リリカルなメロディの7曲目(B2)〝Arrête la Pensée〟は、シンセナイズされたエリック・サティのようだ。

琉球民謡、祭囃子のような音楽とアンビエント・ハウスが融合したような8曲目(B3)〝ABientôt!〟は、『螺鈿の箱』の先進性を示す楽曲である(細野晴臣『オムニサイトシーイング』に数年先かげていた?)。9曲目(C1)〝牡丹の花の中に眠る〟、10曲目(C2)〝螺鈿の箱の秘め事よ〟、11曲目(C3)〝白い犬が花を食べた〟は東洋的な音階のなか松﨑の歌唱とシンセサイザーが軽やかに舞う曲。本作の東洋趣味が結晶した楽曲たちだ。オリエンタル/ロマンティックな最終曲(D4)〝月へ飛ぶ想ひ〟を聴くと悠久の時と永遠の美を垣間見るような感覚になった。

そう、芸術作品は時を越える。そして永遠を希求する。1985年にひっそりとリリースされた『螺鈿の箱』は、知られざる音楽の庭園において時を超えることを希求していたのだ。いまこの時代に『螺鈿の箱』を聴くと、そんなことを実感してしまうのである。

112

松﨑裕子
螺鈿の箱
Pヴァイン(1985 / 2024)

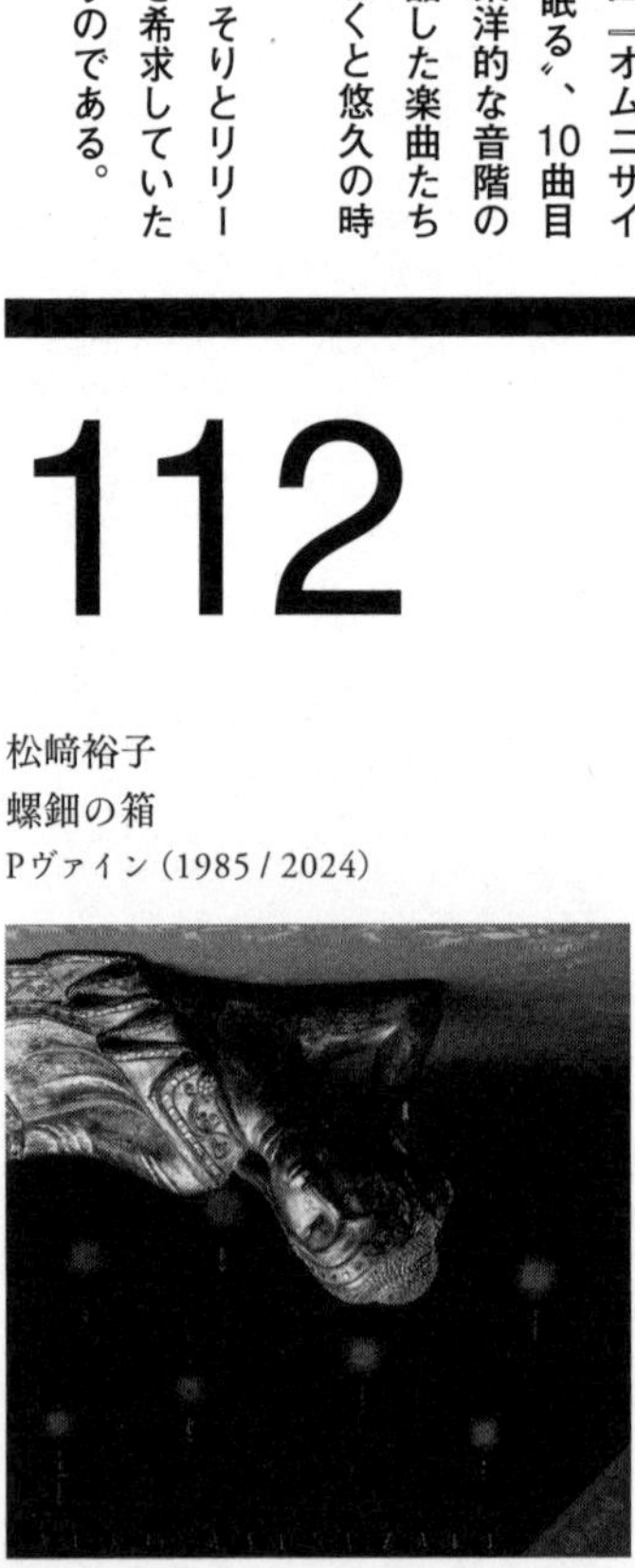

菅谷昌弘が紡ぐ祈りのポスト・ミニマル・ミュージック
──『Kankyō Ongaku』で注目を集めた作曲家の軌跡

文：門脇綱生
by Tsunaki Kadowaki

ブライアン・イーノのアンビエントやエリック・サティの家具の音楽の気風を背に受けた、吉村弘や芦川聡といった当時の気鋭の前衛音楽家たちが、サウンドスケープ・デザインや建築音響といった新興分野で活躍した、80年代バブル期の東京の環境音楽シーンへと切り込んだ、〈Light in the Attic〉の国産アンビエント／ニューエイジの集大成的編集盤『Kankyō Ongaku』（2019）で紹介されていた作曲家に、続く単独編集盤『Horizon, Vol. 1』の編纂により、世界中のミレニアル世代の聴衆たちへ高くその名を轟かせることとなった国産アンビエント・ミュージックのパイオニアである菅谷昌弘がいた。

1980年代以降、幅広い分野と領域で作曲&プロデュースを展開。1987年から2000年にかけて在籍した実験劇団／パフォーミング・アーツ・グループ〈パパ・タラフマラ〉（2012年解散）の音楽監督としての舞台音楽の制作（同氏のリリース作品の大部分を占める）や、NHKテレビ番組の音楽制作、編曲家としてのアコースティック・ギター・デュオ、ゴンチチのスタジオ・アルバムへの積極的関与（1992年〜）、フランス音楽研究グループこと〈GRM〉から委託された長編音響インスタレーションの制作まで、実に多岐に渡る。

1959年東京生まれの同氏は、高橋悠治や武満徹といった日本の現代音楽の洗礼を受け、10代半ばで作曲家として立つことを決意。学生の身で半ば音楽業界に片足を踏み入れることととなった三枝成章のアシスタントとしての仕事を3年間務めた後に、湯浅譲二や松村禎三各氏にも師事。湯浅門下先輩の藤枝守にも強い刺激を受けていたという。

池袋・西武百貨店にあった伝説的書店〈アール・ヴィヴァン〉では、当時店員として働いていた〈サウンド・プロセス〉の芦川聡から最新の実験的な音楽や民族音楽を教わっていたのみならず、尾島由郎と出会い親友に。尾島をはじめ高田みどりや吉村弘、柴野さつきらを含む〈ワコール・アート・センター〉周辺の音楽家の輪にも仲間入りを果たす。新しい音楽技術をいち早く取り入れていた尾島の薦めにより、コンピューターやシンセ、サンプラーを使った作曲の可能性へと開眼。これらのサウンド・シグネチャーは初期作品集である『Horizon, Vol. 1』からも窺える。

同じ湯浅門下の藤枝守・田中聰らとは共に学内に研究室〈自主ゼミ〉を開講。同ゼミ主催の演奏会企画〈Everything Is Expressive〉のメンバーを務め、〈自主ゼミ〉では『月刊カセット』という自主カセットV.A.作品も展開していた。

東京音大大学院修士課程修了後、バブル景気の民間助成による実験劇団ブームの中で独自の様式を築き上げた演劇集団〈タラフマラ劇場〉の演出家・小池博史と出会った菅谷は、その初期のパフォーマンス『モンク』(１９８６)に感銘を受け、作曲家として劇団員となり、演劇、ダンスという枠に収まらない、舞台芸術としての音楽のあり方を追求している。

入団後〈パパ・タラフマラ〉と改名された同劇団にて、１９８７年の作品『熱の風景』や『アレッホ - 風を讃えるために』、１９８８年の『海の動物園』などの劇伴を担当。公演で配布されたこれらのカセット作品と、〈ALM Records〉からの『海の動物園』のCDは現在入手困難だが、先述の『Horizon, Vol. 1』の中で聴くことができる。87年から88年に渡る初期3作からの音源+1曲から構成される同作は、穏やかに鎮静するミニマリズムに亀裂としての光が飛び込む、ルチアーノ・チリオなど彷彿とさせるような、祈りのポスト・ミニマル・ミュージックが厳選されており、菅谷昌弘作品への足掛かりとして極めて高純度な仕上がりだ。同作の主翼をなす『海の動物園』は、〈Pヴァイン〉より初の単独リイシューが予定されている(CD：8月7日、LP：11月20日)。

菅谷昌弘
海の動物園
Pヴァイン(1988 / 2024)

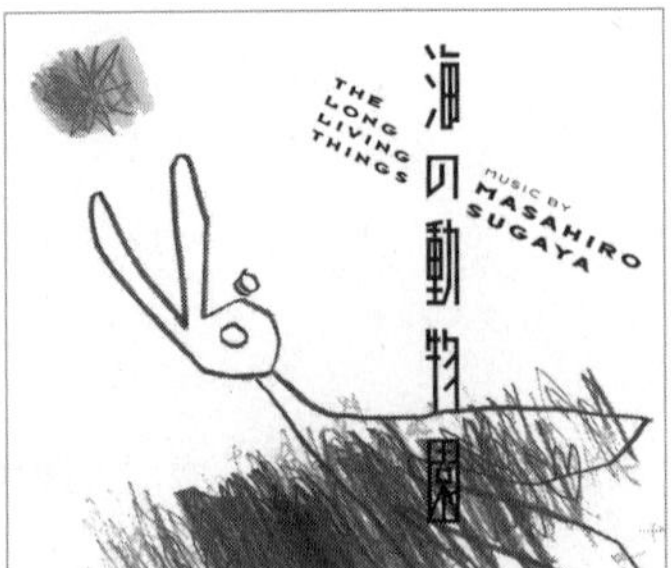

60〜80年代、海外に進出した日本のジャズ・ミュージシャンたち

文：小川充
by Mitsuru Ogawa

一九九〇年代以降のクラブ・ジャズやレア・グルーヴの流れで、60〜80年代の日本のジャズが再評価されるようになり、2000年代に入ると「和ジャズ」という言葉も生まれた。近年は和モノ・ブームの一環として注目を集めている。いまや日本国内のみならず、海外からも「和ジャズ」の復刻盤やコンピがリリースされる状況だが、日本のジャズ・ミュージシャンには昔から海外志向があり、ジャズの本場のアメリカで活動したミュージシャンも少なくない。日本のモダン・ジャズ黎明期の60年代、日本にとってジャズはアメリカからの輸入音楽で、留学したり海外で活動することが実力を養うのに一番の方法だったからである。

こうした海外進出におけるパイオニアはピアニストの秋吉（穐吉）敏子、サックス奏者の渡辺貞夫で、彼らはボストンのバークリー音楽院に留学し、アメリカでの演奏の機会を得た。チャールズ・ミンガス楽団へ参加した秋吉は、チャーリー・マリアーノと出会って結婚し、離婚後はルー・タバキンと再婚して彼とビッグ・バンドを結成した。そのチャーリー・マリアーノと多く共演作を残す渡辺は、ゲイリー・マクファーランドらとの共演を通じていち早くボサノヴァを取り入れた先駆者である。

渡辺貞夫
Kenya Ya Africa
CBS/SONY (1973)

白木秀雄
Sakura Sakura
SABA (1965)

また、ドラマーの白木秀雄はアート・ブレイキー＆ジャズ・メッセンジャーズの来日公演での共演を経てアメリカに招かれ、ホレス・シルヴァーとの共演を果たした。彼らがアメリカでの経験を日本に持ち帰り、若いミュージシャンらに伝えることにより、彼らの後を継いで海外を目指す者たちが生まれていく。

70年代以降は海外志向のミュージシャンは一気に増加する。ピアニストの菊地雅章、益田幹夫、サックス奏者の峰厚介、トランペット奏者の日野皓正、大野俊三、トロンボーン奏者の福村博、鈴木弘、ベーシストの中村照夫、鈴木勲、鈴木良雄、ギタリストの川崎燎、増尾好秋などだ。当時の彼らが影響を受けたのはジョン・コルトレーン、マイルス・デイヴィス、ハービー・ハンコック、ウェイン・ショーター、チック・コリアなどで、ジャズ・ロックやクロスオーヴァーなど、当時のジャズ界の新しいムーヴメントにも積極的に関わっていく。また、ピアニストの加古隆、山下洋輔、高瀬アキ、ドラマーの富樫雅彦、トランペット奏者の沖至らはフリー・ジャズや即興音楽、前衛的な演奏を吸収し、視野を広げていった。彼らは特にヨーロッパで高い評価を得て、加古や沖はフランス、高瀬はドイツを拠点に移して活動した。

日本と海外を行き来しながら、長く第一線で活動したミュージシャンの筆頭は渡辺貞夫と日野皓正だろう。渡辺貞夫の場合は特にアフリカ音楽への接近が功績として挙げられる。アフリカに赴いて現地のミュージシャンと録音した作品もあり、ブラジル音楽やラテン音楽なども含めてジャズとワールド・ミュージックの融合に貢献したひとりである。彼と同じくドラマーの石川晶もアフリカに赴き、リズムの研究をおこなったミュージシャンだ。日野皓正は白木秀雄のグループでドイツを訪問して注目され、その後ニューヨークを拠点に長く活動した。ハード・バップ

日野皓正
City Connection
Flying Disk (1979)

中村照夫
Unicorn
Three Blind Mice (1973)

菊地雅章
Susto
CBS/SONY (1981)

鈴木良雄
Matsuri
CBS/SONY (1979)

にはじまりジャズ・ロック、フリー・ジャズ、フュージョンとさまざまなスタイルに挑戦し、スティーヴ・グロスマン、デイヴ・リーブマン、マル・ウォルドロン、レジー・ワークマン、リチャード・デイヴィスら一流のミュージシャンたちと渡り合った。

菊地雅章は日野皓正より一足早くアメリカに移住し、海外でも評価の高いミュージシャンのひとりだ。エルヴィン・ジョーンズやギル・エヴァンスとの共演が知られるほか、ニューヨークで日野、スティーヴ・グロスマン、デイヴ・リーブマンらとセッションした『Susto』（1981年）は、当時のジャズの最先端をいく作品。中村照夫もずっとNYをベースに活動し、『Unicorn』（1973年）、『Rising Sun』（1976年）、『Song Of The Birds』（1977年）は中村以外すべてアメリカのミュージシャンという編成。もはやアメリカのミュージシャンとして活動していたのが中村だった。70年代から80年代のNYは日本のミュージシャンが多く活動し、大野俊三、鈴木良雄、川崎燎らのリーダー作ではNYに住むさまざまな国籍のミュージシャンたちとのセッションを繰り広げている。

最後に海外進出とは少し異なるが、邦楽器の尺八、琴、琵琶などを使った作品は、日本独自のジャズとして海外でも支持を得た。尺八奏者の山本邦山が菊地雅章、ゲイリー・ピーコックらと録音した『銀界』（1970年）、白木秀雄と日野皓正が3人の琴奏者と共演した『Sakura Sakura』（1965年）などが高い評価を集める。ピアニストで作曲家の菅野光亮の『詩仙堂の秋』（1973年）も、純粋な邦楽器は用いていないがそうした「和ジャズ」の傑作のひとつ。尺八奏者の村岡実も『Bamboo』（1970年）や『恐山』（1970年）などを残し、海外から高く評価される。

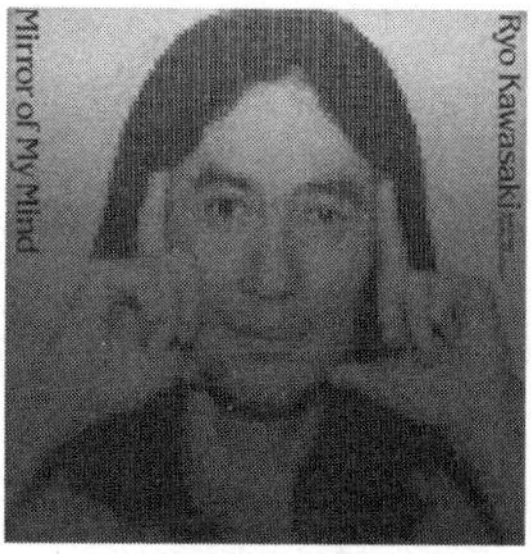

川崎燎
Mirror Of My Mind
Opensky（1979）

菅野光亮
詩仙堂の秋
RCA（1973）

山本邦山
銀界
Philips（1970）

村岡実
Bamboo
United Artists（1970）

118

〈イースト・ウィンド〉設立50周年
——和ジャズが世界水準にあることを証明したレーベル

文：小川充
by Mitsuru Ogawa

日本のジャズ・シーンは黎明期の1960年代を経て、70年代に入ると力強い個性や表現力を持つミュージシャンたちが芽吹いてくる。そして、その受け皿となるジャズ専門レーベルが誕生していった。そうして創設されたレーベルが〈スリー・ブラインド・マイス〉や〈イースト・ウィンド〉で、〈アケタズ・ディスク〉や〈ジョニーズ・ディスク〉、〈コジマ録音〉から生まれた〈ALM〉のような自主レーベルが名乗りを上げ、音響機器メーカーが母体となる〈トリオ〉や〈デノン〉、大手レコード会社の傘下となる〈フラスコ〉や〈ユニオン〉といったところもジャズに力を注いだ。フュージョン系の〈エレクトリック・バード〉、〈フライング・ディスク〉、〈ベター・デイズ〉なども和ジャズを支えたレーベルだろう。また、〈ベイステイト〉や〈ホワイノット〉は海外勢の紹介を中心に、日本のジャズ・シーンの活性化に貢献したレーベルだ。こうしたレーベルが既存の〈コロムビア〉や〈キング〉、〈ビクター〉や〈RCA〉といった大手レコード会社と相まみえて盛り上げていたのが70年代から80年代にかけての日本のジャズ・シーンだった。

さて、このたび和ジャズを語るに欠かせないレーベルである〈イースト・ウィンド〉のコンピがリリースされる。1974年に設立された〈イースト・ウィンド〉は、〈日本フォノグラム〉の傘下となるジャズ専門レーベルで、1980年頃までにおよそ70ものタイトルをリリースした。時代的にはエレクトリック・ジャズからクロスオーヴァー、フュージョンへ差し掛かるあたりで、オーソドックスなモダン・ジャズからフリー、ピアノ・トリオからヴォーカルものまで幅広くリリースしている。日本人アーティストだけでなく海外の一流アーティストの作品もリリースし、逆にそうした姿勢が和ジャズの本当に優れたものは世界の第一線と並べても遜色ないものである、ということを証明してみせた。70余りのうち30弱が日本人アーティストの作品で、そのラインナップは渡辺貞夫、日野皓正、菊地雅章、益田幹夫、大野俊三、峰厚介、鈴木勲、富樫正彦、本田竹曠、山本剛、川崎燎、増尾好秋など、海外で活動したり海外志向のある人たちが多い。同時期の〈スリー・ブラインド・マイス〉は、どちらかと言えば新人を発掘するなど若手中心だったが、〈イースト・ウィンド〉はベテランから中堅、若手と多士済々。大手レコード会社を除いて、これだけのラインナップを揃えられたのは〈イースト・ウィンド〉くらいだったろう。〈イースト・ウィンド〉は海外でも通用するジャズ・レーベルであろうとし、そうした熱意がミュージシャンたちを動かしたと言える。

90年代以降の和ジャズの再評価により、これまで〈イースト・ウィンド〉作品の多くが取り上げられてきた。峰厚介の『Out Of Chaos』や『Solid』、益田幹夫の『Trace』や『Mickey's Mouth』、菊池雅章の『East Wind』、渡辺貞夫の『Pamoja』や『Recital』、大野俊三の『Something's Coming』や『Bubbles』、日野皓正の『Live In Concert』や『寿歌（Hogiuta）』、本田竹曠の『Salaam Salaam』などがそれで、海外のＤＪたちによって発掘され、逆輸入という形で日本に広まった作品も少なくない。それだけ海外でも評価の高いレーベルという証でもある。日野皓正と菊池雅章の双頭バンドである東風（コチ）の『Wishes』は、当時１９７６年の彼らが拠点としていたニューヨーク録音で、アル・フォスター、エムトゥーメイ、レジー・ルーカスなどマイルス・デイヴィス・グループ出身者たちとのセッション。大野俊三の『Something's Coming』や『Bubbles』も同様にＮＹ録音で、師匠であるロイ・ヘインズと共演している。これら作品からは、１９７０年代半ばに世界へ挑戦しようとする日本のミュージシャンたちの気概が伝わってくる。今回のコンピは、いまからおよそ50年も前のそうした日本のミュージシャンたちの活躍にスポットを当てたもので、ジャズが熱く尖っていた時代の空気に包まれている。

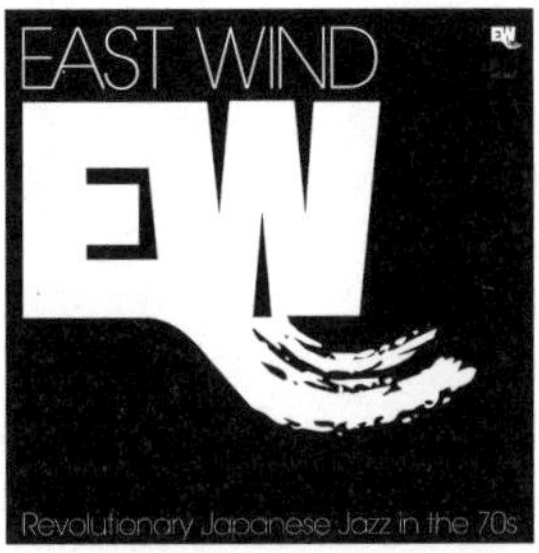

Various
EAST WIND: Revolutionary Japanese Jazz in the 70s
ユニバーサル（2024）
設立50周年を迎える〈イースト・ウィンド〉の名演を集めた2枚組コンピレーション。
菊地雅章、渡辺貞夫、日野皓正、富樫雅彦などを収録。

いま気になっている和ジャズ——富樫雅彦『スピリチュアル・ネイチャー』を聴く

文：増村和彦
by Kazuhiko Masumura

富樫雅彦の『スピリチュアル・ネイチャー』に久しぶりに針を落とすと、アンプがカチと音を立てて勝手にチャンネルを変えた。最近調子がわるく、あらゆる電化製品の中で最重要、ある意味では人生を左右してもおかしくないようなものを蔑ろにしているという反省はなくもなかったが、音はでるし、電源をいれた直後だけの現象だし、一瞬音が切れるだけですぐに元のチャンネルに戻ってくるくらいのものだからそのままにしておいてしまった。しかし、この時だけは、別のチャンネルにいったままかえって来なかった。その事実に気付くまで数秒の間、僕はわくわくしながら次の音を待っていた。そのときジョン・ケージを感じたというのは言い過ぎだろうか。ライナー・ノーツには富樫の言葉で、「フリー＝自由は、演奏する側よりむしろ聴く側にあるのです。そしてその時点で、奏者と聴衆が一体となって創造し、また想像しうるとき、両者の断絶は取り除かれる筈です。」とあった。

愛聴盤だったはずの『スピリチュアル・ネイチャー』は顔色を変えた。確かに聴く側の準備が整っていなかったのだろう。思えば、コロナ禍のレコード鑑賞が影響しているのかもしれない。

日本の環境音楽への海外からの評価は、空間や間を自分の感覚で恐れずに作ってもよいことを教えてくれたし、僕のコロナ禍のアイコンであるローレル・ヘイローは、「Raw Silk Uncut Wood」でもって音に呼吸をさせて経過を観察するようにサウンドを構築させていくことを教えてくれた。あとは、やはりジョン・ハッセルで、エスニックなスタイルと、ときにアンビエント的でありときに絶妙なパルスを放つエレクトロとの融合を圧倒的な説得力を伴って示してくれた彼の音楽は、民族音楽を学ぶ楽しさとどこまでいっても自分のものにはできないという時折襲う無力感の狭間で悩んでいた僕を解放に向かわせてくれた。そのとき欲しかったもののすべてだった。第四世界音楽、架空の民族音楽という彼の創り出したコンセプトは、他の文化の音楽を自分の音楽に取り入れることに対しての新鮮な目と勇気を与えてくれた。

冒頭〝ビギニング〟に針を落とすと、そこにフリー・ジャズらしいエネルギーのぶつかり合い的な態度は見られず、富樫の蒔いた種に各ミュージシャンがそれぞれの観察眼で呼応していくうちに沈黙が増幅され、空間と時間を織りなすという実にアンビエント的な音楽が展開されていた。日本的な自然観を通して見た自然の営みの、一日のはじまりから終わりまでを5曲の組曲で捉えたというコンセプトのアルバムだが、まさに生物が動き出す前の時間を、ジャズ・ミュージシャンが、ジャズの語法を越えて見事に表現していることに驚いた。〝ムーヴィング〟は生物が活動をはじめる時間。反復するベース、ばらばらのパルスを放つ3人の打楽器、テーマを奏でるサックスやフルート、時にジャズらしい語法でインプロヴィゼーションを展開するピアノが、どうしてか調和しているすごい曲だ。年に何回か人里離れた山へ出かけていたという富樫は、きっと自分の目の届く周囲だけで自然を感じるのではなく、森全体を俯瞰していたのだろうなんて想像してしまう。〝オン・ザ・フットバス〟で、反復するベース、マリンバと、きちんとリズムを刻む鈴の間を富樫のドラム・ソロが掻い潜るのを体験するとよりその想像は現実性を帯びる。意識からすら解放されたかのような、でも確実に地に足着いている、まちがいなく彼にしか叩けないあまりにめざましいタイム感だ。ここまでくると、民族音楽をかじっただけで、何にもなれないなどと悩んでいた自分は、ただ自分の音楽を作るという勇気が足りていないだけだっ

たことに気付かされる。

　次作となる『ギルド・フォー・ヒューマン・ミュージック』はとにかく素晴らしい。個人的には数ある富樫の作品のなかで最も重要だと思っている。各曲に、〈朝〉〈子供達〉〈雨垂〉〈迷信〉〈おしゃべりな3つの小石〉〈お祭〉というイメージがあり、『スピリチュアル・ネイチャー』にみた富樫の音楽を、スタジオ録音ということもあり、より構築的に発展させたようなロマンがある。白眉は〈迷信〉がテーマの〝フォース・エクスプレッション〟。雅楽のような3本のソプラノサックスを合図に、ミニマルなベースがはじまると、3人のパーカッション、ピアノが呼応して緊張感と若干の胡散臭さを伴って見事に迷信を表現している。それまでのジャズの語法からは離れて、ベースのオスチナートに対してこの打楽器でこう叩けばテンポがちがっても合うとか、みんながちがうテンポでちがうことをやってもこれは合うけどこれは合わないとか、3本のソプラノ・サックスでユニゾンするにあたって、譜面はありつつも、曲のイメージに合せるために3人の演奏者に任意にずらして吹いてもらったりとか、とんでもない実験を繰返していたようである。ミニマルなベースも半拍縮めたようなフレーズが不規則に出てくることも見逃せない。まるで、アンビエント作家が間や空間を意識して細かいプログラミングを繰返すように、集団で演奏していたなんてと妄想すると、ジャズ・ミュージシャンの底力に感服せざるを得ない。また、次の『エッセンス』も、前作を引き継いでいて非常に興味深い作品だ。

　ところで、富樫ほど自覚的でなくとも、ときにジャズの語法を離れて、アンビエント的であったり空間や間を感じられる曲、あまり聴いたことのない質感を持った曲に出会うことがある。Yuji Imamura & Air『Air』〝Air Part I〟、鈴木勲『Blow Up』〝Aqua Marine〟、今田勝トリオ『グリーン・キャタピラー』〝Spanish Flower〟など、特にイントロに現れやすいのではないかと思っている。僕は、〝so what〟のイントロが衝撃的で、もしかしてそういうものが流行ったのではないだろうかなどと邪推してしまう現代人でもあるが、偶発的に醸し出される何にも形容し難い音楽にまた魅了されるひとりである。いま和ジャズが気になっている。

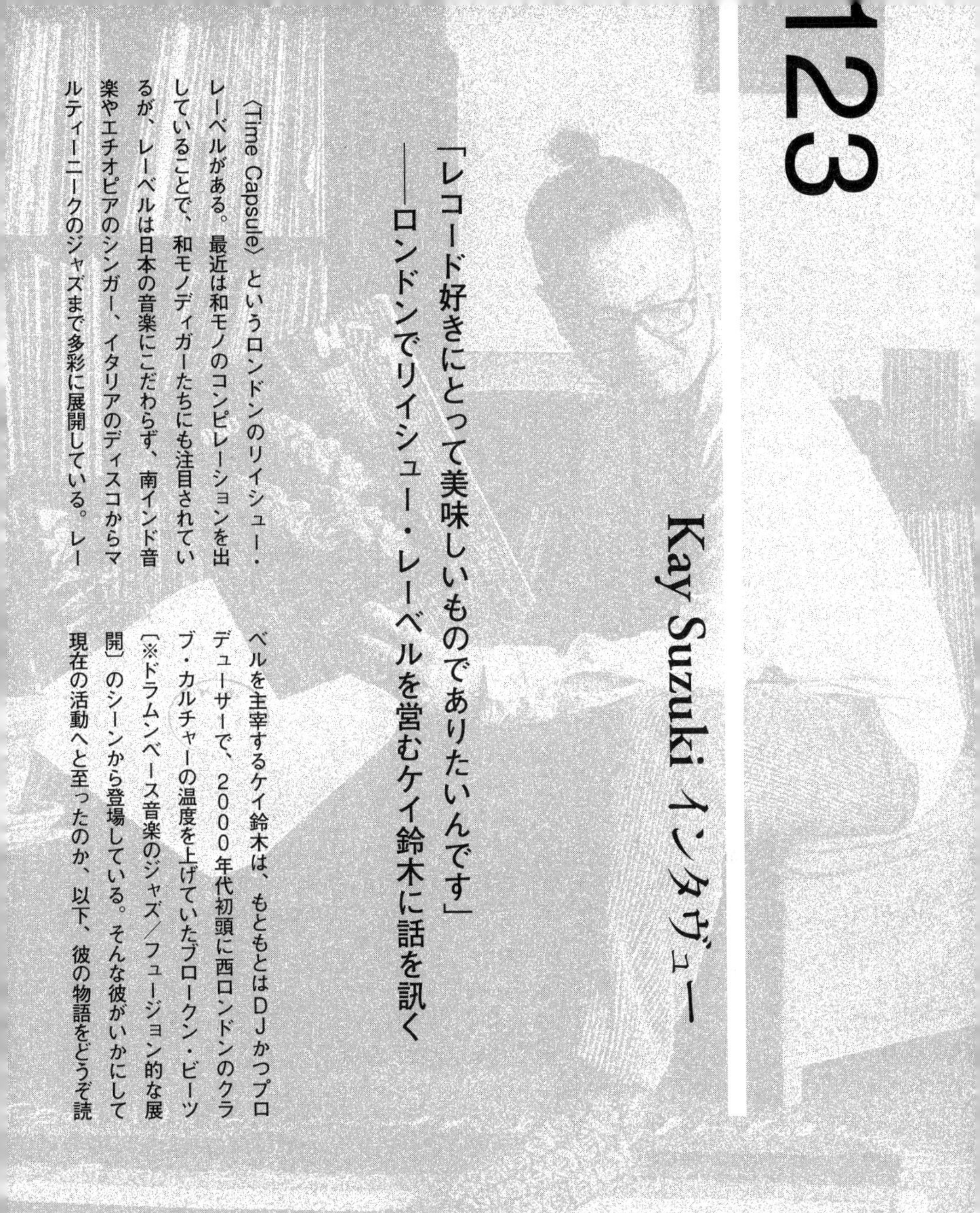

Kay Suzuki インタヴュー

「レコード好きにとって美味しいものでありたいんです」
——ロンドンでリイシュー・レーベルを営むケイ鈴木に話を訊く

〈Time Capsule〉というロンドンのリイシュー・レーベルがある。最近は和モノのコンピレーションを出していることで、和モノディガーたちにも注目されているが、レーベルは日本の音楽にこだわらず、南インド音楽やエチオピアのシンガー、イタリアのディスコからマルティーニークのジャズまで多彩に展開している。レーベルを主宰するケイ鈴木は、もともとはＤＪかつプロデューサーで、２０００年代初頭に西ロンドンのクラブ・カルチャーの温度を上げていたブロークン・ビーツ〔※ドラムンベース音楽のジャズ／フュージョン的な展開〕のシーンから登場している。そんな彼がいかにして現在の活動へと至ったのか、以下、彼の物語をどうぞ読

取材：野田努
by Tsutomu Noda

んでいただきたい。

――まずはKayさんのバイオ的なことから教えてください。

Kay 実家は茨城県で、都内には車で行けてしまう感じでした。中学生〜高校生ぐらいからバンドをやりはじめたんですが、そもそも親父と兄貴が音楽好きで、その影響で黒人音楽が好きになりましたね。レイ・チャールズとかクインシー・ジョーンズのレコードを持っているような親父で、兄貴のほうは60年代〜70年代のクラシック・ソウルやクラシック・ロック。でも、もっとも大きな影響は高校時代のディスクユニオン……、というか、通った高校が千葉の柏にあって、そこに一番でかいディスクユニオンがありまして。だから、向かい側にあった回転寿司屋でバイトしながら、バイト代を全部向かい側のオーディオユニオンとディスクユニオンに使っていたという（笑）。

――（笑）

Kay その時期に寿司を握ることを覚えました。こっち（イギリス）には24歳のときに来たんですけど、日本人で寿司を握れるっていうと重宝されるんです。そのおかげで、簡単にバイトが見つかりましたね。

2004年にロンドンに来たんですけど、日本人が経営する日本食レストランには行きたくなかったんです。そこに行くと日本人社会ですからね。なので、毎回非日本人オーナーの日本食レストランでバイトしていたんです。で、バイトしながら生活しているときに〈Plastic People〉に出会いましてね。これが僕らの年代にとっての〈ロフト〉とか〈パラダイス・ガラージ〉みたいな場所で。

――ちょうど2000年代のその時期にカリブーをインタヴューしたとき、〈Plastic People〉のセオ・パリッシュにはフォー・テットと一緒に毎回通ったと熱く話していました。

Kay いやーもう、あの場所は本当に……なんていうんですかね、学校というか教会というか。僕も毎週行って

高校が千葉の柏にあって、そこに一番でかいディスクユニオンがありまして。だから、向かい側にあった回転寿司屋でバイトしながら、バイト代を全部向かい側のオーディオユニオンとディスクユニオンに使っていたという（笑）。

ました。で、当時そこでは〈CO-OP〉というIG・カルチャーとバグズ・イン・ジ・アティックたちがやっていたブロークン・ビーツのイベントがあったんですね。バグズ・イン・ジ・アティックやIG・カルチャー、フィル・アッシャー、そのシーンの人たちと最初に仲良くなったんです。

——まさにブロークン・ビーツの時代でしたが、フレンドリーなシーンだったんですね。

Kay　そうでしたね。とくにフィル・アッシャーは本当にゲートオープナーというか、いろんな人を導いてくれる人でした。デモを最初に送ったときにも、彼が最初に、「スタジオに来い」と電話をくれて、東北西ロンドンのスタジオ街に行って、そこで〈Goya Music Distribution〉〔※4ヒーローやドム、マーク・ド・クライヴロウなどのリリースで知られる〕の人たちとも知り合って、彼らとつるむようになった。僕の一番最初のレコードも〈CO-OP〉でかけてもらったんですが、それは、月に二回、日曜日にやっていた、誰かが毎回新しい曲を持って来るようなイベントでした。ほかにも「その日の夜はリリースされている音楽は一切かけない」というテーマの〈CDR〉というイベントもあって、これはアッティカ・ブルースのトニー・ヌワチュクウがオーガナイズしていました。

——言いたくないけど、良い時代でした（笑）。

Kay　フローティング・ポインツのサムともそこで会いました。あと、マヤ・ジェーン・コールズという日英ハーフの、いま大人気のテクノＤＪ、その子ともその頃会いましたね。

——ロンドンには、もう最初から住もうと思っていたんですか？

Kay　そうですね。

——知り合いがいたわけでもなく？

Kay　まぁなんにもないですね（笑）。単身で乗り込んで、〈Plastic People〉でＤＮＡを変えられたというか。洗礼を受けましたね、本当に。

——最初に〈Time Capsule〉の話を聞いたとき、ロ

AFROBUDDHA
聴覚

DAO
LIMYE LIME

ンドンで日本人がレーベルをやっているということ自体が驚きだったんです。ロンドンは敷居が高い街だし、物価も高いし、ビザも難しいし、大変じゃないですか、外国人が住むにはハードルが高い。しかも音楽文化に関しては、世界的にみてもっとも成熟している街だし、日本人がいきなりいって友だちにはなれても、そのシーンのなかで経済活動をするのは難しい。

Kay まあ、後がないというか、もうほんとにフルスイングしていただけだったんですけどね（笑）。ビザに関しては、最近永住権を取りましたけど、それまではいろいろと、もう、サーフィンでした（笑）。

——寿司職人ということが活きましたか？

Kay それはそうですね。でも最初は、6ヶ月の音楽学校のために行ったんです。ヴォーカル科だったんですが、むしろ僕が先生に、スタジオやLogicのようなソフトの使い方を教えたり（笑）。それでプロダクションに専念しようと思った次第です。DJをやりつつ、生活のためにレストランで寿司を握るみたいな感じ。そういう生活を長い間やってましたね。同時に音楽制作もはじめて、最初はブロークン・ビーツの〈Coop〉から出したり、リエディットものもけっこうやって、2010年からは自分のレーベル〈Round In Motion〉を立ち上げて、シングルやアルバム（『Consciousness』）を出しました。ただ、時期的にはブロークン・ビーツのシーンが衰退していた時期で、ウエスト・ロンドン・サウンドみたいなのもパターン化してきてもいた。当初はみんなオルタナティヴなダンス・ミュージックを表現したいがために集まっていたようなシーンだったんですが……。で、結局、そこにいたシーンの人たちが、もうつまらなくなったからほかに行こう、みたいな感じになった。

——あの時期のブロークン・ビーツはものすごく熱量があって、日本でも多くのリスナーがいました。あのシーンのなかにKayさんがいらしたんですね。

Kay ロンドンに来たら音楽友だちがいっきに増えましたね。同じ感覚を共有し合えるというか、〈Plastic People〉はとくにそうでしたね。フローティング・ポインツなんかも、同じ学校に通った仲間みたいな感じだった。インターネット・ラジオのNTS、〈Boiler Room〉とか、みんな〈Plastic People〉に集まっていた連中なんです。あと、やっぱりセオ・パリッシュの存在は大きかった。セオは毎月デトロイトからやって来て、レギュラーのレジデントを持っていました。

──さて、そんなKayさんがリシューにフォーカスしたレーベル、〈Time Capsule〉をはじめました。この経緯についてお話ください。

Kay　まず、2010年に自分でアルバムを出して、またそこで新しい音楽作りのコミュニティが生まれました。そして同じ頃、〈Beauty & The Beat〉というパーティに出会います。このパーティはいまのロンドンのシーンでは本当に重要なんですが、元々はデイヴィッド・マンキューソをロンドンに呼んでるクルーがはじめたんです。その源流は、イーストロンドン大学教授のティム・ローレンス〔※『ラヴ・セイヴ・ザ・デイ』や『アーサー・ラッセル』の著者〕と彼の同僚がはじめた〈Lucky Cloud〉というパーティです。最初は、サウンドシステムを借りてやっていたんですが、そのうちデイヴィッドがニューヨークのロフトで使っているようなシステム、シアター・スピーカーやアンプなどを彼らも揃えて〔※マンキューソは音響システムに徹底的にこだわった最初のDJ〕、彼らが2000年代初頭にデイヴィッドをロンドンに呼ぶんです。そのとき使ったのと同じシステムではじめたのが〈Beauty & The Beat〉です。毎回バカでかいシアター・スピーカーをみんなで運んで、まさにレゲエのサウンドシステム・カルチャーみたいな感じでしたね。で、そのパーティをやるなかで、弁護士の友だちができて、やがて彼と一緒に〈Brilliant Corners〉という日本のジャズ喫茶をコンセプトにしたような店をオープンしたんです。

──ほほう、日本式のジャズ喫茶を?

Kay　ご存知かわからないですけど、ヨーロッパでは日本のジャズ喫茶にインスパイアされた、良いサウンドシステムで良い音楽を聴くという、いわゆるリスニング・

バーという形態がいますごく増えているんですね。UKで、それを最初にやったのは僕らの店です。1947年製のクリプシュのスピーカーを鳴らす箱を作ろうと、そうすれば、もう毎回運ばなくてすむし（笑）。で、東ロンドンのダルストンという僕が住んでいたエリアだったんですけど、どんどん再開発されていって、だったらそこに寿司屋があってもいいだろうと。

――（笑）

Kay バーの物件が見つかったときに「いやあ、後ろにでっかいキッチンがあるんだけど何していいかわかんないんだよね」って言われたんです。「それだったら俺、寿司レストランにできるよ」って（笑）。まさにジェントリフィケーションがすごかった時期で、これ以上深夜営業するようなバーはオープンさせないという法令ができたばかりだったんです。だから裁判所に行って「うちはバーじゃない。これは日本のジャズ喫茶という文化なんだ」と。「クラブではない。じっくり音楽を聴く場所だ」という理由をつけて、営業許可のライセンスを取ったんです。まあでも、日本のジャズ喫茶と決定的に違うところは、みんなやっぱりくっちゃべってて（笑）。

――僕はそういうほうが好きです（笑）。

Kay （笑）でも、僕らのその源流は〈ロフト〉にあって、それがたまたま日本のレストランになったんです。メニューも自分で開発したし、シェフも雇って、友だちの弁護士兄弟二人と僕の三人でオープンさせたんですけど、お店を続けていると、すごいディガーたちが集まるようになるんですよ。CDJはナシで、アナログのターンテーブルしかないですし、だから自然とお客さんはレコードを集める人たちが中心になっていったんです。そんななかで、まだリイシューされてないレコードってこんなに山ほどあるんだな……ということを知って。掘れば掘るほど出てくるし、終わりは見えないな、みたいな。レストランの仕事で自分があまりにも忙しくなってしまい音楽から離れてしまったので、あるタイミングで円満に身を引きました。そのあとは1〜2年は知り合いのミキシング・マスタリング・スタジオでエンジニアとして

リアクションはすごくいいですね。『Tokyo Riddim 1976-1985』という日本のレゲエのコンピは、発売して1ヶ月ぐらいで全部売り切れて、リプレスしている状態です。

働いていていました。その流れでスタジオ・レーベル・マネージャーとして働いたときに「あ、リイシューのレーベルだ」というアイデアが浮かんだんです。

——そこで日本の音楽をやろうと思ったきっかけはなんだったんですか？

Kay　日本人の友だちにオンライン・ショップをやっている人がいるんです。その人からヨーロッパでも売りたいという話があった。たまたま〈Brilliant Corners〉の元ビジネス・パートナーがオーガニック・ワインやクラフトビール専門のショップを考えていて、できればレコードも一緒に売りたいと。そこで僕が両者を繋げて、3年前にレコード屋とワイン屋が一緒になった店をオープンすることになるんです。いまUKの路面店でもっとも多く日本のレコードの在庫を抱えている店だと思うんですけど、その店を手伝っているうちに自分でもディープな日本のレコードをたくさん掘るようになった。そして、イギリスにいる感覚から日本のレコードを掘ってみたら、こういうの（リイシュー作）がいろいろあったという、それがいまの結果ですね。

——リアクションはどうですか？

Kay　すごくいいですね。『Tokyo Riddim 1976-1985』という日本のレゲエのコンピは、発売して1ヶ月ぐらいで全部売り切れて、リプレスしている状態です。

——最初のリリースは？

Kay　日本の音楽でいうと、最初は5年前に出した鳥山雄司さんのコンピレーション『Choice Works 1982-1985』です。彼の80年代前半のリン・ドラムとかギターシンセを使ってる曲がいまの時代にフィットしたというか。そして、『Island Sounds From Japan 2009-2016』。先日亡くなられた巽朗さんというサックス奏者の方がやってるバンドだとか尼崎のバンドだとかが入ったコンピです。アニメ～マンガの『Anime & Manga Synth Pop Soundtracks 1984-1990』が一昨年ですね。これはまさにディグのたまものです（笑）。

——イギリスにも日本オタクはいるじゃないですか。

Kay　でも、そういうオタク系とはまた違う方向から

〈Brilliant Corners〉のターンテーブルとミキサー。

掘っています。「有名なアニメのトラックを収録してるの?」なんて言われるんですけど、誰も知らないアニメばっかりです。例えば1曲目なんかは小笠原寛さんっていう、90年代から手使海ユトロっていう名前でやっている方の作品なんですけども、これなんかThe Rah BandというUKのバンドのディスコ・ヒットで〝メッセージ・フロム・ザ・スターズ〟という有名な曲があるんですが、それとまったく同じで……(笑)。

——(笑)

Kay けっこう多いんですよね、そういうの。「カルチュラル・アプロプリエーション(文化盗用)」みたいなタイトルでコンピレーション作ろうかと思ったんですけど、それは各レコード会社から却下されました(笑)。

——ははは。でも、〈Time Capsule〉の最初のリリースは和モノじゃないんですよね。

Kay 最初は古典インド音楽のレコード。これもまた再プレスするんですけども、南インド音楽のカーナティックのレコードです。すごいスピリチュアルな音楽ですね。アヤワスカでシャーマンがかける音楽(笑)。このレコードの溝は、内側から外側にいくようになってるんですよ。

——昔のURのレコードもそうですね。

Kay オマー・Sのレコードもそうです。この技術があるのはデトロイトのほか、世界で二〜三カ所にしかないんです。僕はドイツでカッティングしたんですけど。なぜこんなことをしたのかというと、インド音楽って20分ほどの長尺の曲が多いんです。ゆっくりはじまって後半すごく盛り上がるみたいな。でも、レコードって溝が内側に行くと溝が狭くなるので、じょじょに音が悪くなっていく。なので、ダイナミクスがより大きくなる外側に音量の大きいパートを入れられるよう溝を反転させたんですよね。

——ああ、なるほど!

Kay レコード好きにとって美味しいものでありたいんです。あとはブラジル音楽、フランス・カリビアン界にあるマルティニークだとか、グアダループっていうフラ

Selected discs　01 / 04

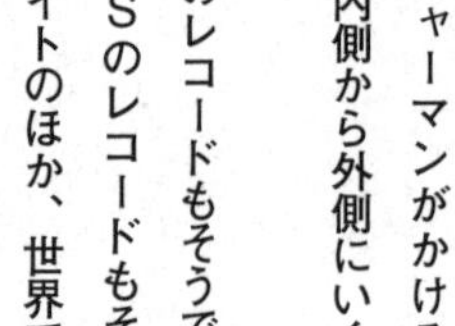

Kay Suzuki
Consciousness
Round In Motion ／ 2010

西ロンドンのシーンに呼応して生まれたケイ鈴木のソロ・アルバム。その後〈Eglo〉からソロ・デビューするファティマも参加している。

たとえばサザンオースターズの音って、ジャズ喫茶で聴くとちょっと辛いんです。ヴォーカルがメインで、音響的にも。その、音響的に魅力があるかどうかすごくポイントで。

ンス寮のカリブ海の音楽。グオカっていうグアダループの民族音楽なんですけど、70年代〜80年代以降では、いろんなジャズ・ミュージシャンだとかモダンなエレクトロニクスを使った人もすごくいるんです。

――和モノでは、レゲエを集めた『Tokyo Riddim 1976-1985』、フォークを集めた『Nippon Acid Folk 1970-1980』などありますが、ご自身で掘りながら「次はこれを！」みたいな感じで？

Kay まさしくそうです。

――ご自身がミュージシャンであり、ＤＪでもあることが大きいんじゃないですか。クラブやリスニング・バーで鳴らして、ちゃんと聴くに耐えうるものかどうかはかなり重視されているように思います。

Kay やっぱり音なんです。ソニック・エクスペリエンスというか。たとえば、サザンオースターズの音って、ジャズ喫茶で聴くとちょっと辛いんです。ヴォーカルがメインで、音響的にも。その、音響的に魅力があるかどうかすごくポイントで。あと、70年代から80年代の和モノには、日本のエコノミック・パワーによって成し得た質の高さがあるんですよ。あれだけのスタジオをしっかり時間をかけて使えたのは、ほかの国では当時そんなになかったと思うんです。とくにサントラ盤とか、そう思いますね。

――かたやアシッド・フォークでは、当時の自主制作盤もリイシューされていますよね？

Kay たとえば80年代のニューエイジっぽい自主制作ものは、音があんまり良くないんですよね。音楽的には面白いんですけど。僕がリイシューした自主制作のアシッド・フォーク作品は、じつはちゃんとお金をかけて作ってる人たちだったんですよ。

――なるほどね。広島で活動していたというフォークの大久保一久など、僕は全然知らなかったんですけど。それもやっぱりサウンドってことですよね。

Kay サウンドですね。ハーヴェストの時代のニール・ヤングみたいな、ウエスト・コースト・アシッド・ロックみたいなサウンドを出しているんです。高い機材使っ

Selected discs 02 / 04

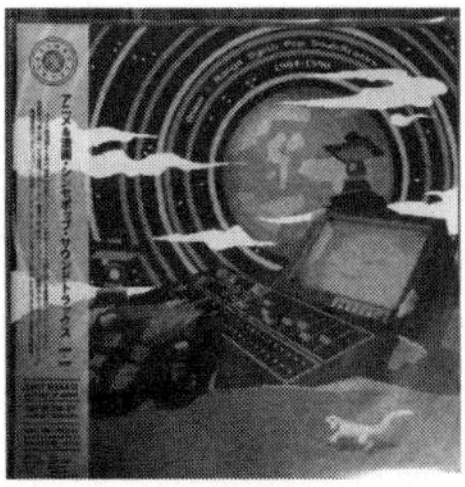

Various
Anime & Manga Synth Pop Soundtracks 1984-1990
Time Capsule ／ 2022

星の数ほどある日本のアニメや漫画に関する音楽をディグした最初の成果がこの１枚。冒頭からしてバレアリックなディスコ・ビート。先入観をなしに聴くと面白い。

てるうんぬんっていうよりも、音響的にグッとくる要素がなにか詰まってたりしているというか。

——最新では、『Nippon Psychedelic Soul 1970-1979』という、「日本サイケ・ソウル」という、ユニークな括りでもってコンピュレーションを作られていますね。

Kay こういう括りを作るのもミソかなと思っています（笑）。

——この10年で、過去になかったほど、たくさんの日本の音楽が海外で聴かれていますよね。アンビエントであったりシティ・ポップであったり、それはまったくすごいニッチなことだとは思うんですけど、ロンドンにいてどうでしょうか？

Kay 日本の音楽が掘られているのは、まさにその通りです。最初はChee Shimizuさんや〈Music from Memory〉あたりが日本のアンビエントをよりディープに注目しましたよね。イギリスではジャップ・ジャズという、日本のジャズがブームではなくずっと人気があります。シティ・ポップに関しては、イギリスではあんまりで、アメリカじゃないですね。ヨーロッパもシティ・ポップではなく、アンビエントや、ちょっとカーヴの効いた日本の音楽というか、アンダーグラウンドなものをみんな聴くようになっていると思います。

——〈Time Capsule〉はレコードを丁寧に作っていますよね。ちゃんとライナーノートも付けて、その内容もしっかりしている。カッティングにもこだわっている。ほかにレーベルとして重要視していることで、まだ言ってないことがあったらぜひお願いします。

Kay ジャンル以外で、音楽の区切り方できないかな、というのがあります。ジャンルでもスタイルでもないアプローチ。たとえば、「なぜ自分はその音楽が好きなんだろう」って考えたとき、それが黒人音楽だから何かとか、いろいろ考えて、ふと思ったのは、自分は「人間の意識が綺麗に反映された音楽」が好きだと思ったんです。その場所、その時間にしか存在しない空気を反映している音楽が好きだっていうことに気づいたんですね。たと

Selected discs　03 / 04

Various
Tokyo Riddim 1976-1985
Time Capsule／2024

平山みき、小坂忠、八神純子、リリィ、コシミハル、ミミ小林……シンガーたちが歌ったレゲエ・ソングをコンパイルした珠玉のジャパニーズ・レゲエ集。

えば、デトロイトでなぜテクノが生まれたのかを考えたときに、80年代のアメリカ自動車産業の斜陽化のことや、日本製の安いドラム・マシンやシンセサイザーも売られたり、いろんな背景があってデトロイト・テクノが生まれた。やっぱり、あの時代のあの場所でしかそれって起こらなかった。工場とロボット、クラフトワーク、Pファンク、モジョみたいなあの環境に、日本のTB303みたいな機材が説明書なしにやって来た。そこから生まれたもの、僕らがデトロイト・テクノみたいな音を作ろうと思っても、あの空気感は作れないんです。その土地のその瞬間、その空気感を閉じ込めている音楽って、じゃあ「タイムカプセル」だよな、という。

——なるほど。

Kay　オリジナルの楽曲はもうしばらく作ってないんですけれど、このレーベルをやることで、まわりにはディガーの人たちがいて、音響好きな人がいて、自分自身もいま自分がいる周りの環境をどうやってリフレクトできるかっていうのを常に探している。なんで音楽作りながらリイシュー・レーベルをやってるのって言ったら、まわりにそういう人がたくさんいたから、そういう価値観がたくさんあったからです。結局は、すべては自分の環境のリフレクトでしかないんです。

Selected discs　04 / 04

ににんがし
Heavy Way
Time Capsule／2024

オリジナルは1974年。広島の大久保一久による幻の自主制作盤。サウンド面での質の高さや曲のアレンジ、そして時代の空気など、たしかに50年後に発掘されるのもうなずける。

続・和レアリック

「その後の和モノにおけるディガー文化、和レアリックについて」とのお題ですが、大局的に申し述べるのは到底及ばないため状況や成り行きからモヤっと浮かんだまま覚え書き程度に。事の起こりは見向きもされない和モノのレコードの中にも角度を変えて覗いてみれば新鮮な発見があることもある、ないこともある、という思い付きから2010年頃からクラウド上で公開してきた国産音源ミックス・シリーズでしたが、2019年にはその中にも人気不人気、需要が高まっていたタイトルもあり、着地する場所を再構築してディスクガイド〔＊『和レアリック・ディスク・ガイド』〕の形を成す運びと相成りました。

発売とほぼ同時に、新型ウイルス蔓延による社会的距離の影響により和モノどころか音楽どころではない時期がしばらく続き、一般的に言われているMP3ブログの終焉とともに外へ向けて曲を探る機会も減り、他人の存在を意識せず自分の聞きたい音にのみフォーカスするように。その時々聞きたい欲求とはどうやって決められていくのか、状況や内面の状態によってまるで聞こえ方が違う、予期せぬ音で気分が高揚してくるといった不思議君も有耶無耶なまま、能動的にこの曲を見つけたというよりは、その曲にその時巡りあっただけ。

各人各様の傾向仕組みもわからない中、音楽の流行とは。一定数の人のアイデアを外に向けあい干渉していくと共有するものが形成され、手の届く範囲で小集団に。そこにインターネットがありストリーミングサービスなどにより傍受され、新鮮な驚きと同時代性の広がりにより

文・選：松本章太郎
by Syotaro Matsumoto

結実。ここまでが個人の視点からみえるところ。その後様々な解釈が加わり薄められ、さらに音楽以外の旨味が乗じてくるともう違う様相を。怪しくなりましたので休題。

ディガー文化、そもそもディグとは埋もれた音源を掘り起こそうとする姿勢と理解しておりましたが、誰も発見していないという勘違いと傲慢さの上に成り立っているようで認識を改め、即物的にレコードやCD、音源を淡々探す行為。文化的とは相違するような。和モノに限らず。知らない何かを探す筈が、相場をリサーチしデータ収集により廉価で購入できた成果と捉えられていると受け取められなくも。

和レアリックのその後につきましては、これまでにあった音楽に個人的な基準を当てはめただけに過ぎない枠でしたため、前も後も何事もないと思います。80年代バレアリックを切り貼りしたチルウェイヴや、並行して隆興したヴェイパーウェイヴの密やかな侵食があり、実現しなかった架空のユートピアやコンピュータライズされたディストピア、19世紀末~20世紀初頭の流れそのままよろしくなセットとなってはおり一通りコンテンツの再消費。そして90年代エレクトロニクス、テクノ・リバイバル。坂本龍一の三共リゲインEB錠CMやあのモスト・リラクシングなシリーズから時は過ぎ、大衆的ヒーリング・ミュージックの復興。アンビエント、環境音楽もチルアウト、ローファイ・ヒップホップと呼応して心地よいイミテーション。ノスタルジア、郷愁込み込みで空想的・象徴的事象を現実と敢えてリンクさせたエレベーター・ミュージック。

ジャンルや流行は目紛しく細分化し微に入り、これの進化系はそれ、次はあれを聞かなくては、海外の誰々がシティ何々をサンプリング云々情報の多さに無意識のうちに流されてしまいそうに。誰が何をどう評価したかは参考の一つになるかも知れませんがそれは別の物差しで。固定化してきた価値基準やモノの見方や考え方、パラダイムの移動、発想の転換のサイクルに差し掛かってきている気配。例のディスクガイドが自分なりの解釈で自分だけの楽しみ方を肯定することの一助と成り得ましたらトテモウレシイですが、夢はつまり想い出のあとさき。そこに箱だけ埋めて、再び地下の倉庫に潜ることにします。

139

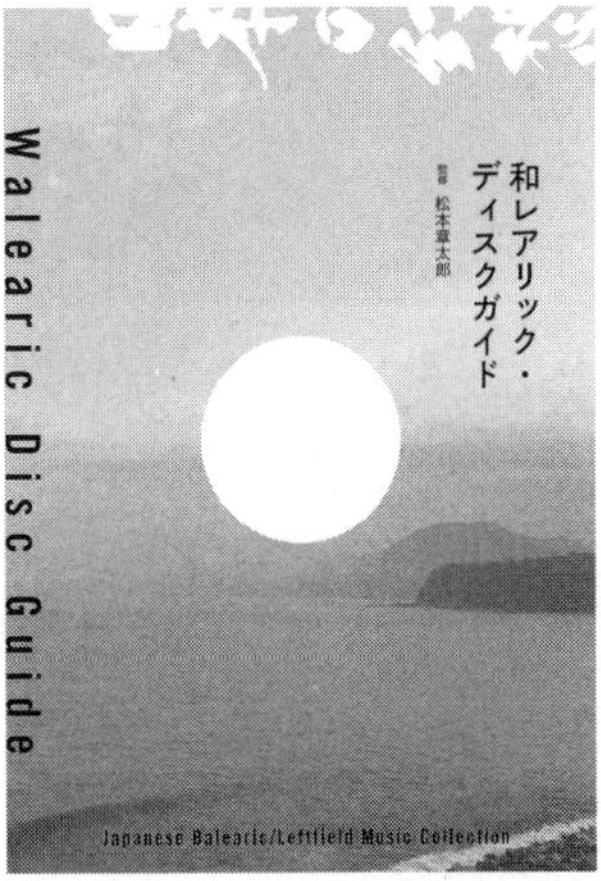

松本 章太郎・監修
和レアリック・ディスクガイド
ele-king books／2019
ディープかつレフトフィールドな和モノディスク・ガイドとして好評を得た。

Killing Time
Irene (CD)
1988

01

チャクラの板倉文等によるグループ。涅槃のオリエンタル・レイドバック第四世界インスト「Kokorowa」から極上です。ECMのフワフワ名人Eberhard Weberの奥様Maja Weberさんによるジャケ・イラストで其方側嗜好。

OST
赤々丸 (LP)
1987

02

原マスミ、長沢ヒロ等の楽曲で構成されたこちらは直前までディスクガイド収録予定でしたが、枚数と内容のバランスを取るために後髪を引かれつつも見送ることとなったほぼ和レアリック掲載盤。エクスペ・ポップ「睡眠価千金」。

甲斐バンド
Gold (LP)
1983

03

同年に高樹澪もカバーした殿堂和レアリック歌謡「射程距離」のオリジナル・バージョンが白眉。井上鑑アレンジ、TR-808とJupiter-4ポリフォニック・シンセで構成。このジャケからイントロが流れてきた時点でもう眼前黄昏時。

ハイディナッシュ
この街 (12 Inch)
1986

04

本作の他に東京のインディ・レーベル〈R.B.F. Records〉からスプリット8″と自主のフレキシをのみ残した女性4人組グループ。コクトー・ツインズというか和製ディス・モータル・コイルな4AD感ゴシック・ドリーミー・ポップ。

Zoé / Zoé
(LP)
2001

05

後にBomb The Bassにも参加する女性ソウル・シンガー、Loretta Heywoodの国内企画盤。三宅純、笹路正徳参加。鳥山雄司アレンジ、松武秀樹プログラミングよるビートルズ"I Want You"ソフィスティケーテッド・カヴァー等。

鈴木慶一 06
座頭市（CD）
2003

世界の北野がリアレンジした時代劇映画。いつもの久石譲ではなくムーンライダーズの鈴木慶一が手掛けた毛色の違うサントラ。ほぼサンプリングで構成、制御されたゲーム音楽的ニューエイジ、ダウンビート、ブレイクビーツ。

マスターマインド 07
法隆寺（CD）
1994

Cafe del Marコンピレーションに収録された本気のバレアリック曲や井上陽水“赤い目のクラウン”の編曲も手がけるアンビエント・プロジェクトH. Gardenの名義変更前初期作。NHKスペシャル和風エレクトロニクスBGM。

福間みさ 08
Festa Manifesto（CD）
1999

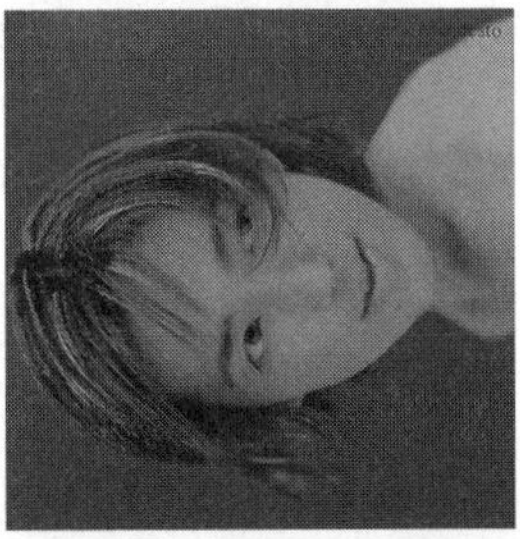

綺麗なお色のジャケに惹かれて聞いた一枚。99年リリースにしてらしからぬNW ～シンセポップ成分あり、クレジットを確認してみたらサウンド・プロデューサーは元P-Model、soyuz projectの福間創と記載されておりなるほど納得。

404 Not Funeral 09
Gilgamesh Tonight II（カセット）
2020

某深夜番組切り貼り想い出混濁ヴェイパーウェイヴ。国産と海外の音源を区別して和モノかどうかというのも不毛なことは承知の上で、自称トロント在住の日本通という作者の匿名性は置いときましてもこれはもう和レアリック枠。

Jeff Mills 10
The Trip - Enter The Black Hole（CD）
2024

The Wizard、デトロイト・テクノ・レジェンドがブラックホールをテーマに表現したコンセプト組曲。ミニマリスティック宇宙空間に戸川純とヤプーズがグルグル渦巻いて漂っております。現行ながらフューチャー和レアリック。

special interview

「灰野敬二」が生まれるまで

世界中のどこにもないまったくオリジナルなロックを半世紀以上にわたって探求し続けてきた灰野敬二。彼の活動の軌跡をまとめた伝記本の出版のため、この3年ほど取材を重ねてきた。本の出版に先駆けて、膨大なインタヴューの中からランダムに抜粋した面白い発言部分を、これまでエレキングのウェブ版で3回紹介してきたが、今特集とも関連するので今回は紙版エレキングに載せたいという編集部からの要請により、第4回はここに掲載することになった。この稀有な音楽家を育んだ家庭環境や少年時代のことなど、これまでほとんど誰も知らなかった物語である。

（※本稿は、現在ウェブele-kingで連載中の松山晋也取材による「灰野敬二　インタヴュー抜粋シリーズ」第4回目になる。5回目は8月にウェブにて掲載予定）

「灰野敬二」が生まれるまで

灰野敬二　インタヴュー抜粋シリーズ　第4回
interview with Keiji Haino

文・写真：松山晋也
text and photo by Shinya Matsuyama

子供の頃からマニアックだった

——生年月日は1952年5月3日ですね。出身地もこの埼玉県川越市ですか。

灰野　いや、生まれたのは千葉県船橋市。3才で川越市に越してきて、小1の時からこの実家で育った。気持ちとしてはここが出身地という感じだね。

——船橋の記憶は？

灰野　ほとんどないけど……父がすごく動物好きで、谷津遊園(やつゆうえん。習志野市谷津に82年まであった遊園地)の中にある動物園に毎週のように一緒に行っていたことはよく憶えている。

——灰野さんも動物好きで、特に愛猫家として有名ですが、実家でも何か動物を飼ってたんですか？

灰野　猫は俺が大人になってから自分で飼い始めたの。この家ではずっと犬を飼っていた。あとは、ハムスター、モルモット、中国産の水泡眼という金魚、錦鯉、ヘビ、ワニ……。錦鯉は庭の池に一時期30匹ぐらいいた。水の浄化のために立派な滝も作って。鯉は頭がいいんだよ。愛情がちゃんと伝わる。その池は長い間水を抜いたままだったけど、少し前にまた水を入れて、錦鯉を飼うようになった。

——ヘビやワニまで!!

灰野　近所の熱帯魚店で小さなワニも売ってて、それを飼いたいと言ったら、誕生日に父が買ってくれた。5千円だった。でも飼育方法がわからないから、ただ水槽に入れて飼っていたら、真夏の暑い日に死んじゃって。すごくショックだったよ。ヘビはリンゴ箱の中で2匹飼ってたんだけど、すぐに逃げられた。子供の頃から所有欲が強かったんだろうね。

——レコードに限らず(笑)

灰野　そうだね。動物じゃないけど、小3の頃にはサボテンに凝って、

37種類も集めたし。とにかく、子供の頃から凝り性というか、何に対してもマニアックだった。駄菓子屋にある10円の当たりクジで、2等や3等がなかなか出ないことを疑問に思い、一ヶ月分の小遣いを一気に全部使ってそのクジを買い、結局当たりが入ってないことを突き止めたりしたこともあった(笑)。欲しいものがあったら、とことんそれを追い求める。それは今も変わってない。そういう性格だとわかっているから、タバコ、酒、ドラッグには一切手を出さなかった。のめりこんでしまうから。それだけの理由じゃないけどね。

——ご家族は?

灰野　両親と兄の4人家族。母は保健婦として、東京逓信病院川越診療所に65才ぐらいまで勤め、退職後も、子供健康相談室のような関連施設で働いていた。たぶん70才すぎまでやっていたと思う。99年に77才で亡くなった。3才年上の父は非常に厳しいけど、子供心にもとてもカッコイイ人だった。素早く判断ができて、機転が利いて、頭がいい。複数の会社の顧問のようなことをしていたようだけど、俺は詳しいことは知らない。5才上の兄は勉強がよくでき、ずっと大手の新聞記者をやっていた。

——ご両親もこのあたりの出身ですか?

灰野　母は埼玉の秩父の神社の娘。父の実家は新潟の柏崎市。あのあたりには、灰野姓は多いよ。両親の墓も柏崎にある。父方の祖母はお寺の娘で、祖父はクリスチャンで英語教師でギターを弾いていたらしい。

——つまり灰野さんは、神道とキリスト教と仏教が合体した末の子ということですね。

灰野　そうなるね。でも両親は、あえて宗教には関わらない感じだった。俺は、なぜかわからないけど、子供の頃から中東の人の姿がとても好きだった。もしかしたら、どこかでイスラムの血も入っているのかもしれない(笑)。

——灰野さんは、子供の頃に教会に通っていたんでしょう?

灰野　うちのすぐ裏にプロテスタントの教会があり、ここに引っ越した小1からそこの日曜学校に通っていた。牧師さんがとてもいい人で、俺が高校を停学になった際も、保証人になってくれた。音楽の道に進もうとしていた時、「敬ちゃんは大丈夫ですよ」と父に言ってくれたのもその牧師さんだった。その教会には結局中3まで通ったけど、洗礼は受けていない。拒んだの。何かにされるのがいやだったから。

——でもキリスト教には関心があったわけですよね?

灰野　宗教への関心というよりも、イエス・キリスト個人はカッコイイな、凄いなとは思っていた。困っている人を助けるという一点において。もちろん聖書もしっかり読んだし、教義は肌に沁み込むぐらい聞いたよ。そうした体験が土台になっているのかもしれないけど、後年、海外の人から「君はグノーシスなんじゃないのか?」と言われたりもした。キリスト教信者ではないけど、子供の頃に教会に通っていたことは、音楽家としての自分にとってとても大きかったと今思っている。

——特に讃美歌の影響は大きかったんじゃないですか?

灰野　そうかもしれない。音に対する感覚が養われたのは間違いないね。

でもそれ以上に、俺の場合は、あの雰囲気が好きだったの。教会の中に入ると力が抜けて、何かが降ってくる。自分はここにいるべきなんだろうなという感じだった。今も、ヨーロッパなどでツアーする時は時間をみつけて教会に入るけど、空気が違う。とても居心地のいい空間なんだ。どこの教会に行っても厳粛で楽な気分になる。

ビートルズ「エイト・デイズ・ア・ウィーク」で覚醒

――幼少期、家庭内の文化環境、音楽環境はどんな感じだったんですか？

灰野　両親とも、歌がすごく好きだった。父は詩吟もやっていた。父のバリトンの詩吟と、母のソプラノの歌謡曲を毎日聴いていたから、俺も自然に全域の声が出るようになったんじゃないかな。幼い頃は、まだレコード・プレイヤーはなくラジオだけだったけど、兄貴が高校時代にポータブル・プレイヤーを手に入れてて、当時のポップス、シルヴィー・ヴァルタンとかのシングル盤を聴いたり、ギターをつま弾いたりするようになった。俺も最初の頃はそのプレイヤーで兄貴のレコードを聴いていた。そして、同級生からビートルズ「エイト・デイズ・ア・ウィーク」を聴かされてショックを受けたのが中学3年の時(67年)で、そこから一気にいろんなロックを聴きだした。自分で手に入れたレコードの最初の10枚ぐらいまでは、そのポータブル・プレイヤーで聴いていたけど、高校時代にちゃんとしたステレオを買ってもらった。

――自発的に音楽を聴き始めたのは中3ということですね。

灰野　そうだね。もちろん、それ以前にもラジオやTVから耳に入ってくる音楽はあったわけだけど、特に好きだったものはない。子供の頃のラジオでは物まね歌番組、そっくりショーがすごく多かったんだけど、俺はいつも誰がチャンピオンになるか当てていたらしい。音楽的接点を感知する力があったんだと思う。才能ってのはつまり「接点」にすぎない。音楽に新しさなんてあるわけない。

中3で「エイト・デイズ・ア・ウィーク」にショックを受けて俄然音楽への関心が高まり、まず、当時ラジオでよく流れていたレインボーズ「バラ・バラ Balla Balla」(65年)のシングル盤を買った。ザ・スパイダース「バラ・バラ」(67年)の原曲ね。あれが初めて自分で買ったレコード。330円だった。その次が、モンキーズ「恋の合言葉 Words」(67年)。

――灰野さんの中3(67年)以前だと、たとえば加山雄三とか寺内タケシ、あるいはヴェンチャーズなどもラジオから流れていたと思いますが、興味はなかったんですか？

灰野　なかった。もちろん耳には入っていたけど、ヴェンチャーズはうるさいと思っていた。普通の大人が言う「やかましい」という感覚。ビートルズで一気に開けたという感じ。だから、目覚めるのがすごく遅かったんだよ。川越という地域性もあるけどね。

――レインボーズ、モンキーズのシングル盤の後に買ったレコードは？

灰野　ビートルズの日本盤のベスト盤『オールディーズ』(67年)。次が『サージェント・ペパーズ〜』(67年)だったと思う。そして、ホリーズ『これがホリーズ・サウンド! For Certain Because…』(66年)、ローリング・ストーンズのベスト盤『ビッグ・ヒッツ・ハイ・タイド・アンド・グリーン・グラス Big Hits』(66年)……。ビートルズのベスト盤は赤盤で中域の音が厚く、温かいけど、ストーンズは中域が薄く、シャリシャリだった。根本的に不良製品だと思い、レコード屋に苦情を言いに行ったら、商品によって音は違うんだと得々と説明され、学んだ。

——ギターなどの楽器演奏を始めたのはまだずっと後ですよね?

灰野　何度も言ってきたけど、いつギターを始めたとかいう意識は自分にはない。俺は常に、初心者なの。ギターに限らず。弾きたいというよりも、いじりたいわけ。楽器というよりは音具。ほとんどの楽器に、そういう態度で接しているし、すべてまっさらな状態でライヴに臨んでいる。こう弾いたらAになるとかFになるとか、それはギターが普通にチューニングされ、こういう弦の押さえ方をすればこんな音が出ると脳が記憶しているからそうなるわけで。ほとんどの音楽家は、自分の音楽、音のヴィジョンがないままに楽器をやってしまう。だから、今まであった何かのようなものになってしまう。俺は自分の音楽を40年以上作ってきたから、どんな楽器をやっても自分の音楽ができる。この違い。たとえば今、チューニングの狂ったギターを渡されて演奏しろと言われたとしても俺は何かを作れる。ほとんどのミュージシャンはパニックになっちゃうだろうけど、それは彼らが自分の音楽を持たず、楽器に作用されているから。楽器は自分が使うためにある。でもほとんどの人は楽器に使われている。それは音楽ではなく、単にルールに基づいた生活をさせられているからなの。彼らはそのことに気づかない。気づくリスクを背負っていない。優位に立った平均律が頭の中に根付いている。だからチューニングの狂ったギターを渡された時、どうしたらいいのかわからなくなるんだよ。

17才の時の勝利宣言

——学校の勉強の方はどうだったんですか?

灰野　幼稚園の頃、先生が親に「この子は天才です」と言ってたのを憶えているけど(笑)、小学校の掛け算の授業で「1×1=1」というのを答えられなくて、というか「なぜ1なのか」を先生に問い詰めて、その時から教師の言うこと、学校教育を信用しなくなった。教師からも目の敵にされ、いわゆる問題児扱いになった。当時は特殊学級があり、何かあるたびに「特殊学級に入れるぞ」と言われていた。その頃から、社会悪や不正などに非常に敏感になったと思う。ついでに言うと、俺はいじめられる子をいつも助けていた。そういう姿勢は当時から今まで変わっていない。

——音楽をやって生きてゆくと明確に決意したのはいつですか?

灰野　高2の時。ドアーズの2作目『まぼろしの世界 Strange Days』

（67年）の"When The Music's Over"を聴いたのが決定的だった。何かが降りてきた感じ。シンガーとして生きてゆこうと決めた。既に中学の頃から音楽をやりたくて、高校も行かないつもりだったけど、親に諭されて仕方なく高校に入った。でも、すごく封建的で男子は全員丸坊主なの。俺は反抗して、署名運動をして丸坊主をやめさせた。カリアゲでもいいということになったけど、俺だけは長髪だった。

――高校時代も、いろいろあったわけですね。

灰野 高2の倫理社会の授業でこんなことがあったよ。教師からある質問を投げかけられ、「僕に質問する前に、明日までに徹夜で聖書を2回読んでこい」と言ったの。1週間後、父からドライヴに誘われ、着いたのが精神科の松沢病院。院長と2時間ぐらい話したら「お子さんは何も問題ありません。もし、彼をおかしいと言う先生がいたら、その人を連れてきてください」と父親が言われたんだよ。

――高2で中退して音楽をやりたいと親に言った時も大変だったのでは？

灰野 そうだね。さっきも言ったけど、父は非常に厳格で怖い人だったけど、俺はその父との対決を17才の時にやった。中学の頃から雰囲気がおかしいと見られていて、高校も行きたくないと言っていたから、父も困っていた。でも、とにかく一所懸命に音楽をやっているということだけはちゃんと伝わっていた。で、高校を辞めると決意した時、父に「理解してくれなくてもいい。でも信用してくれ」と言ったの。そしたら父は「悪かった」と一言だけ言って、好きにしていいということになったんだ。でもそれは、本当に怖くて仕方なかった父と命がけで対決したからできたことだよ。あの時の勇気があったから、今こうして音楽を続けていられる。一般的に見て社会的、経済的勝利者にはならない生き方を選んだけど、その17才の時に勝利宣言はできていたと思っている。自分でもよくやったなと。

父は俺が23才の時（75年）に56才で亡くなったんだけど、俺が高2で中退する頃、父も髪を伸ばし始めたんだよ。髪を伸ばすということがどういうことなのか、自分でやってみてくれたんだ。当時父は50才ぐらいだったけど、かなり長く伸ばしていた。俺は父の前では最期まで萎縮していたけど、30才ぐらいの頃、父親に似てきたなと自分でも思った。外見ではなく、中身が。

あと、高校を中退する時は、伯父さん（父の兄）も後押ししてくれたんだった。伯父は高校の音楽の教師をやってたんだけど、途中で辞めて丹沢の清川村に籠って陶芸家になったんだ。まだ日本では誰も知らなかった時代にヨガをやり、ボードレールの初版本を持っているような人だった。ジャン・コクトーの詩に自分で曲をつけたり。暴力団組長で俳優の安藤昇が刑務所に入っている時、高校時代の先生だった俺の伯父さんに会いたいと言ったらしい。その伯父さんも、敬二が音楽をやりたいと言っているのならやらせてみればいいと父に言ってくれたんだ。俺も伯父さんには何度も会って、どんな声でも出せるシンガーとしての特異性をアピールしたことがあった。伯父さんは「うーん……」と詰まっていたけど（笑）。

ブライアン・イーノとホルガー・シューカイの共演ライヴがいま蘇る
——90年代のイーノ、あるいは彼にとっての作品の価値とは

野田努×小林拓音

野田　CANのファンの立場でいえば、これはイーノがCANをやりたかったという言い方もできる。『Tago Mago』の〝Aumgn〟や〝Peking O.〟、あるいは『Soon Over Babaluma』のB面、こうしたCANの象徴表現にかぎりなく近いよね。ドイツでのライヴだし、アルバム・タイトルの笑えないギャグ「寿司、ロティ（パン）、ライベクーヘン（ドイツのポテトケーキ）」もドイツっぽい。

小林　当時の最新作『The Drop』（97）の翌年に録音されたこのライヴ音源は、彼が70年代の精神に立ちかえりCANに活路を求めた結果だった、と。

野田　90年代のイーノは、U2やジェームスのプロデュースをやって、デイヴィッド・ボウイやローリー・アンダーソンの作品にも参加したり、メインストリームでもじつに活発な活動をしていたわけだけど、90年代なかばのリリースでもっとも注目されたのは、ジャー・ウォブルとの共作『Spinner』だったね。また、ちょうどこの時代は、音楽メディアがアナログ盤からCDに移行したときでもあって、つまりデジタル文化、来たるべきコンピュータ文化革命期のご意見番として、イーノはいろんなメディアからその声を求められてもいた。『Wired』のような雑誌が

イーノをフィーチャーしたのもむべなるかななのだよ、小林君。わかるかい？　そして、ここまでヒントを言えば、今回の『Sushi. Roti. Reibekuchen』が何を意味しているのか、なんとなく見えてきただろう。言っておくと、間違いなくこれはジャズではない（笑）。というか、ジャズという用語から説明できる音楽ではないね。

小林　イーノが『My Squelchy Life』（91／15）や『Nerve Net』（92）、『The Drop』の一部で試みていた「ジュジュ・スペース・ジャズ」（95年の日記のことばでいえば「コールド・ジャズ」「非歓迎ジャズ」）に相当する作風をもつのは今回〝Roti〟1曲のみです。イーノが好きなジャズといえばマイルス・デイヴィスですが、作品の横断性や実験性を考えると、ジャズだから好きだったわけではないのでしょう。

野田　1995年の『Wire』でのインタヴューには、この時代のイーノの考え方が集約されていて、参考になる。そのなかの発言によれば、彼が敢えて重視していたのは、「ソウル」だった。少し引用してみようか。ここには、イーノがなぜクラブに積極的にはならなかったのかという、三田さんの疑問（※）に対する答えもある。「私はシーケンサーでループを作るとき、いつも最後まで通して演奏するようにしている。そのループを、ループが規則的に繰り返されないようにカットしていく。この考え方は厄介だ。だが、私の気持ちの大部分は、〝ロック解除〟された音楽を作ること。そして、『Discreet Music』や『Thursday Afternoon』のような作品はすべて意図的にそうしている。私がソウル・ミュージックを好きな理由のひとつは、比較的ロックが解除されているからで、リズム・セクションのように非常にタイトなものもあるが、縛られてはいない」

90年代、英国および欧州のトレンドだった「クラブ」との接点を、まわりのスタッフは持たせたかったろうね。せっかく、ジ・オーブやエイフェックス・ツインらのおかげで、「アンビエント」に再注目が集まったわけだから。しかし、イーノともあろう芸術家がそんな安易な便乗をするはずがない。彼ははっきりと、Cubaseのような当時のクラブ系のほとんどが使用していた音楽ソフトによって制作することに難を示している。ああ、せっかくだから、もうひとつ、『Wire』から面白い言葉を引用しておこう。「とても重要なのは音楽の中心である語り手を排除するというアイデアだった。例えば、『Another Green World』には14の楽曲が収録されている。そのうち実際に声があるのは5曲だけだ。つまりほとんどの人はそれを歌のレコードだと思いがちだが、でもそうではなくて、あれはインストゥルメンタル・アルバムなんだ」

ちょうどこのインタヴューの翌年に、イーノは「シーニアス」という造語を発信するようになる。もう、繋がっているよね。この時期のイーノは、メジャーの仕事をこなしながらジョン・ケージに立ちかえってもいる。すなわち「作品の価値とは、相互作用の質の結果である」と。

小林　その相手に選ばれたのが、以降2枚のコラボ作を残すことになるペーター・シュヴァルムと、70年代からのつきあいのホルガー・シューカイだった、と。〝Sushi〟のジャングル風のビートはシュヴァルムでしょうし、アルバム全体に散りばめられた種々の音声や民族的なフレーズ、ダブっぽい処理などはシューカイによるものでしょう。わかりやすくイーノっぽさが出ているのは〝Reibekuchen〟背後で反復される2音くらいで。

野田　ホルガー・シューカイと共演することはイーノにとって重要なことだったろう。なにせ彼はシュトックハウゼンの教え子で、『My Life In The Bush Of Ghosts』よりも10年以上前に、『Canaxis 5』というその青写真となる作品を作った人であって、しかも、「音楽の中心である語り手を排除」したバンド、「相互作用の質の結果」を作品化したバンド、CANのメンバーだった人なわけだから。

小林　まさにその『Canaxis 5』的なサンプリングこそがこの発掘ライヴ音源でもっとも耳に残る部分です。だから、これはイーノ＋シューカイ＋シュヴァルムという「シーニアス」による『Canaxis 5』〜『Bush Of Ghosts』の後継ととらえたほうがよさそうですね。

野田　イーノが面白いのは、たとえば、ハルモニアとのセッションがわかりやすいけど、自分を出すことよりも、相手の良さを引き出す方に注力するところ。

小林　なるほど。そのおかげでエゴ同士の衝突ではない、聴きやすい作品に仕上がっているのかもしれません。

野田　我々もイーノの態度を見習わないとね。

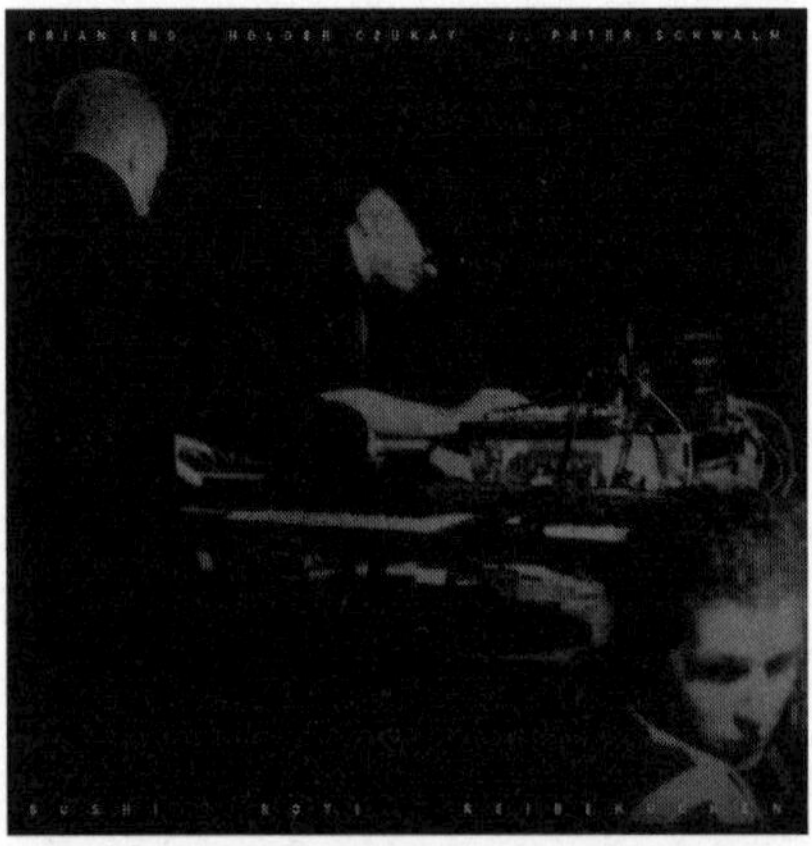

Brian Eno, Holger Czukay & J. Peter Schwalm
Sushi, Roti, Reibekuchen
Grönland / ビート（2024）

（*）https://www.ele-king.net/review/album/011386/

VINYL GOES AROUND PRESENTS

そこにレコードがあるから

VINYL GOES AROUND

水谷聡男×山崎真央

第4回　コンピレーションの監修と『VINYL GOES AROUND PRESSING』始動!!

山崎　VINYL GOES AROUND（以下VGA）でコンピレーションの監修をさせていただきました。

水谷　内容の説明をお願いできますか？

山崎　これまでVGAで提案してきたものは比較的にレアグルーヴ的なアプローチが多いのですが、今回はアンビエントをテーマにしようということで始まりまして、ただ、僕たちのイメージから乖離しているものではなく、レアグルーヴ・サイドからアンビエント・シーンへの回答というのが裏テーマにありました。結果、ソウルやジャズを普段から聴いていてアンビエントに敷居を高く感じているような人にも聴きやすい内容になっているかと思います。

水谷　アンビエントを軸にジャズ、ソウル、オルタナティヴなど様々なジャンルから選曲されているので、これまでにはない新しいアプローチになっていますね。

山崎　そうですね。アンビエントというワードが頻繁に発せられるようになった昨今、たくさんのリリースがコンピレーションも含めてありますが、もっとジャンルがミクスチュアされたコンピレーションもあってもいいんじゃないかなと思うところもあり、このような選曲になりました。それと内容はもちろんのこと、デザインも細部にこだわって作ることができましたので感慨無量です。

水谷　レコードの帯が特殊な仕様になっていて、そのディテールから「ORIGAMI（折り紙）」と名付けたのですがジャケットの表紙のアートワークを損なわない、いままでにはないタイプの帯をVGAとVINYL GOES AROUND PRESSING（以下VGAP）で共同開発しました。

山崎　レコード・プレスももちろんVGAPです。そんな新しいことにチャレンジした一枚ができましたので、是非、お店で見かけた際は手にとってみてください。

「レコード・プレス工場がついに竣工！」

山崎　とうとうレコード・プレス工場が完成しましたね。その名も『VINYL GOES AROUND PRESSING』。

水谷　おそらく日本で4社目だと思います。とても大変でした。

山崎　そうですよね。それなりにお金もかかりますし。

水谷　準備期間に2〜3年かかりましたが、その期間も経費が出てく。工事だってそれなりの規模ですしプレス・マシン自体も高額です。普通のレーベルであれば、同じ金額をかけるならアイドルでも育てて稼ごうってなると思いますが、やっぱりレコードに思い入れがあるので。

山崎　よくコンサートホールにスタインウェイのピアノを入れましたとかって話題になってますが、プレス工場はひとつケタが違いますよね。なかなか普通の企業ではできないと思います。

水谷　でもまだまだ大変で、すぐに量産できるかといえばそんなに簡単じゃない。プレス環境の設定は気温や天候にも左右されるし、うまくでき上がっても、扱いが雑だとすぐに傷も付くしで、やっぱりモノを作るのって大変だなとあらためて感じています。

山崎　レコードを作るって完全に職人の世界ですね。

水谷　そうなんです。なのでレコードは現代のような大量生産／低コストの時代にそぐわないかもしれません。でもレコードの魅力ってそこなんですよ。レコードは簡単に作れない。そして傷つく、壊れる。だからいいんです。

山崎　確かに。物なのでサブスクのデータと違って壊れたり捨てられたりして世の中から減っていくから市場価値が高まるってのはありますよね。

水谷　70年代のレコードが40〜50年経ってもまだ残っているのってその一部でしょうから。そういったところにロマンを感じ、なんだかわからない魅惑に取り憑かれるんです。

山崎　レコードは工芸品のようなメディアですね。これをゼロから作っていくということは、本当に思い入れがないとできないと思います。

水谷　思い入れもありますが、もっと日本でもタイムリーにレコードが出せる仕組みを作らないとマズいなと思ったのがいちばんの理由です。結局、いまってレコードの需要は増えていますが、作れるところが少ないので、作品がレコードになるまで早くて半年、遅ければ一年かかってしまう。その期間で鮮度も落ちてしまうし、文化形成の観点においてもシーンが一年遅れで形成されていくのは良くないなと。

山崎　レコードで作品を残すことの重要性と価値は今後もますます高まる気がしますし、とても大切な取り組みですね。

水谷　どこにも属さずに活動しているアーティストも含め、いまよりも誰もが身近にレコードを作れる時代に変えていきたいと思って立ち上げました。

山崎　うちのようなインディー・レーベルがプレス工場をやることで、それは実現しそうですね。

水谷　そうですね。まずは、その前に良いレコードが作れるようにプレッシング・チームが精進しなければというところで、いま、日々プレス・マシンと格闘しております。ようやくそろそろ外注を受けようかなというところまで来ている段階ですので、皆様、どうぞよろしくお願いいたします。

江口理恵（えぐち・りえ）
幼少期から10年過ごした欧州でパンクやオペラに嵌る。レコード会社でクラシックのディレクターを経てフリーに。日経ウーマン「ウーマン・オブ・ザ・イヤー２００６」入賞。ＣＡＮ評伝を絶賛翻訳中！

小川充（おがわ・みつる）
ジャズとクラブ・ミュージック系のライター／ＤＪとして執筆、選曲、コンピレーションの監修などを手掛ける。著書に『JAZZ NEXT STANDARD』『Club Jazz Definitive 1984-2015』『Jazz Meets Europe』など。

小原泰広（おはら・やすひろ）
フォトグラファー。１９７６年、愛知県生まれ。東京造形大学卒業。写真家、上杉敬氏に師事。フリーランスで活動中。

門脇綱生（かどわき・つなき）
93年生まれ。Disk UnionにてSad Discoレーベル運営。京都のレコード店Meditationsのバイヤー。監著に『ニューエイジ・ミュージック・ディスクガイド』（DU BOOKS）。Twitter: @telepath_yukari

緊那羅: DESI LA（キナラ：デジ・ラ）
電子音楽家／３Ｄアーティスト／グラフィックデザイナー。NEO SHIBUYA／マレーシア・シンガポール展示開催。東京在住。今年６年ぶりイベントを開催して７月23日に緊那羅：DESI LA POP UPします。

高橋智子（たかはし・ともこ）
１９７８年仙台市生まれ。アメリカ実験音楽と音楽美学を専門としているが、１９８０年代のニューウェイヴも愛好。著書『モートン・フェルドマン――〈抽象的な音〉の冒険』（水声社、２０２２）など。

デンシノオト
エレクトロニカやアンビエント、ドローンなど、さまざまなエクスペリメンタルなエレクトロニック・ミュージックのレヴューを「web ele-king」に執筆。また、オヴァルなどのライナーノーツも手がける。

ジェイムズ・ハッドフィールド（James Hadfield）
イギリス生まれ。２００２年から日本在住。おもに日本の音楽と映画について書いている。『The Japan Times』、『The Wire』のレギュラー執筆者。

原雅明（はら・まさあき）
文筆、選曲、レーベルringsのプロデュースなどに関わり、都市や街と音楽との新たなマッチングにも関心を寄せる。早稲田大学非常勤講師。著書『Jazz Thing ジャズという何か』ほか。

細倉真弓（ほそくら・まゆみ）
写真家。触覚的な視覚を軸に、身体や性、人と人工物、有機物と無機物など、移り変わっていく境界線を写真と映像で扱う。写真集に『NEW SKIN』（２０２０年、MACK）、『Jubilee』（２０１７年、artbeat publishers）など。

イアン・Ｆ・マーティン（Ian F Martin）
音楽ライター。著書に『バンドやめようぜ！』。東京のインディペンデント・レーベル〈Call And Response Records〉を主宰。

増村和彦（ますむら・かずひこ）
ドラマー、パーカッショニスト。バンド「森は生きている」のメンバーとしてドラムと作詞を担当。GONNO x MASUMURA、Okada Takuro、ダニエル・クオン、水面トリオなどで活動中。

松本章太郎（まつもと・しょうたろう）
中古レコードストア、ココナッツディスク江古田店店長。ジャパニーズ・バレアリック／レフトフィールド・ミュージック・コレクション『Walearic Disc Guide（和レアリック・ディスクガイド）』執筆監修。

松山晋也（まつやま・しんや）
音楽評論家。著書『ピエール・バルーとサラヴァの時代』、『めかくしプレイ：Blind Jukebox』、編・共著『カン大全～永遠の未来派』、『プログレのパースペクティヴ』。

水谷聡男（みずたに・としお）
VINYL GOES AROUND／Groove-Diggers／MOMOYAMA RADIO／株式会社Ｐヴァイン代表取締役社長。

三田格（みた・いたる）
61年、ＬＡ生。邦楽はSummer Eye「三九」、重盛さと美「AAAANNNN」、ヤングスキニー「ベランダ」、tangingugun「最高気温がよだれをたれている」、眞魚「ひきこもりの毎日」などを聴いている。

山崎真央（やまざき・まお）
VINYL GOES AROUND／Groove-Diggers／MOMOYAMA RADIO／株式会社Ｐヴァイン企画制作担当。

ele-king

"MEMORY MORNING" TOURIST

Monday Records/The Orchard

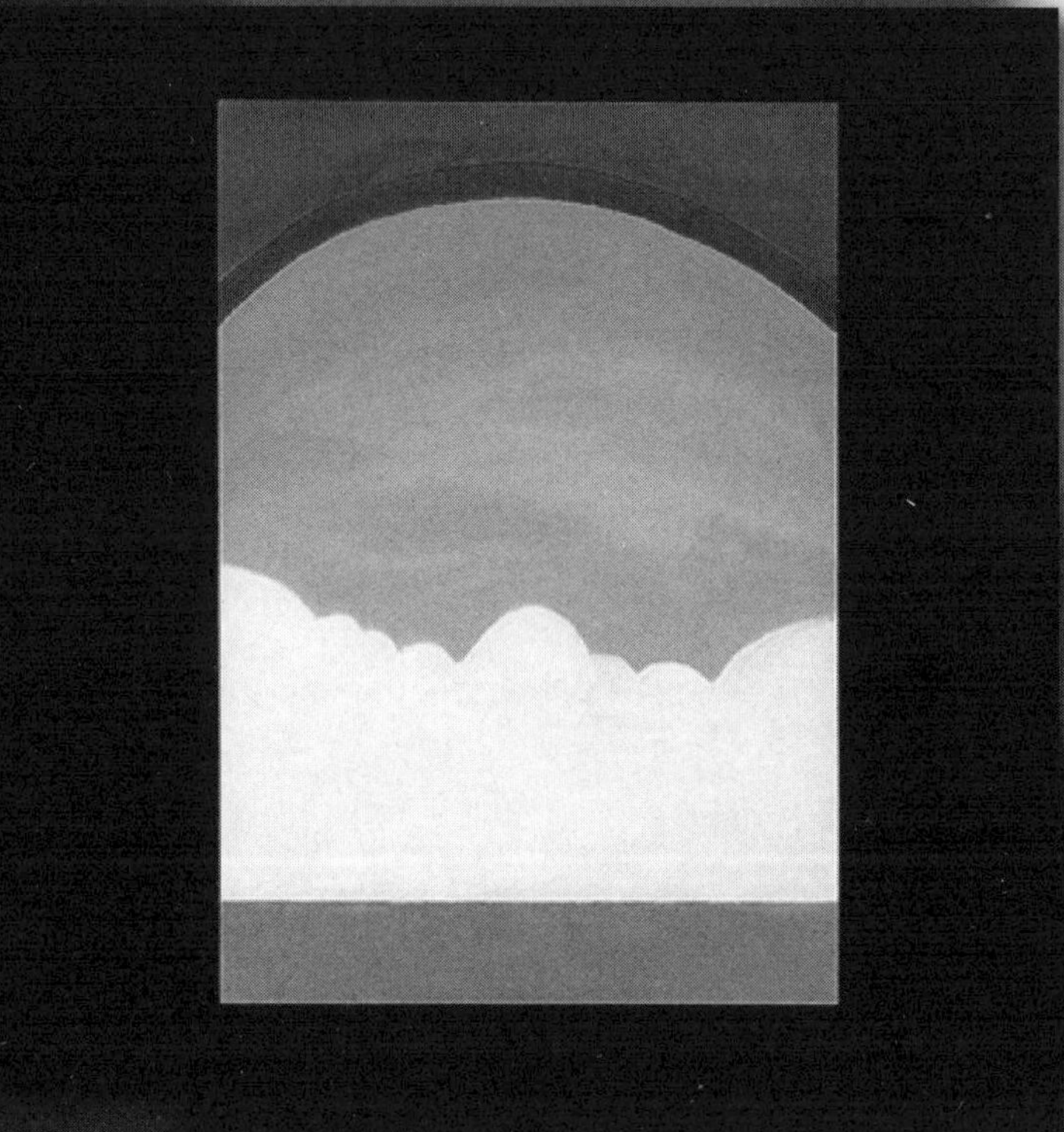

NOW ON SALE

『言葉のない歌』と没入型のアンビエンスの融合。

サム・スミスの大ヒット曲「Stay With Me」の共作者としてグラミーも受賞したソングライター/プロデューサーでもある、ウィリアム・フィリップスの別名、ツーリストが、電子音楽のビートとメロディの先にあるニュアンスの探究を経て、シューゲイズ、サイケデリック、アヴァランチーズの懐かしきコラージュに影響された5作目のアルバムとなる『Memory Morning』をリリース!!

花香る。アンビエントとポップの融合、

コナー・ヤングブラッド待望の新作アルバム９月６日にリリース！

Missing Piece Records

"CASCADES, CASCADING, CASCADINGLY"

コナー・ヤングブラッド

ele-king vol.33　特集：日本が聴き逃した日本の音楽と出会うこと

2024年6月19日　初版印刷
2024年7月10日　初版発行

編集　野田努＋小林拓音（ele-king）
アート・ディレクション＆デザイン　鈴木聖
Special Thanks to　津山寿文、伊賀倉健二、JOJO広重
アシスタント　松島広人

発行者　水谷聡男
発行所　株式会社Pヴァイン
〒150-0031
東京都渋谷区桜丘町21-2 池田ビル2F
編集部：TEL 03-5784-1256
営業部（レコード店）：
TEL　03-5784-1250
FAX　03-5784-1251
http://p-vine.jp

発売元　日販アイ・ピー・エス株式会社
〒113-0034
東京都文京区湯島1-3-4
TEL　03-5802-1859
FAX　03-5802-1891

印刷・製本　シナノ印刷株式会社

ISBN　978-4-910511-74-0